潜在意識で夢を叶える

奇跡スイッチの押し方!

Kiseki Switch

心理カウンセラー
masa

徳間書店

はじめに

「もう、自分の人生は終わった……」

真夜中のコンビニ。レジに立つ27歳の私は、ため息をついていました。

時給780円。なけなしの貯金を切り崩しながらの一人暮らし。才能も資格も人脈もない。3年間介護している母のうつ病は「治る見込みなし」と医師から言い渡されていました。


それから18年後の今。

心理カウンセラーになった私の下には、毎日のようにうれしいご報告が届きます。

「masaさん！　奇跡が起きました！」

「あきらめていた願いが叶いました！」

お客さまからそんなご報告をいただくたびに、私は涙が出そうになります。

本当につらく苦しくて、未来に絶望していた私が、今ではたくさんのお客さまの人生に関わり、これまで８２００人以上の方をサポートさせていただくまでになれたのですから……。

奇跡としかいえない私の人生の変化は、どん底だったある日、偶然手にした一冊の本から始まりました。

今、「心の師匠」と呼んでいる方が書いたその本には、人生を激変させる教えがたくさん詰まっていました。

私はワラにもすがる思いで、その教えをコツコツ実践していきました。

すると、信じられない変化が起きていったのです。

まず、コンビニのレジで私の前にだけ長蛇の列ができるようになり、オーナーやお客さまの評価が急激にアップ。ほかにも、ラッキーなことが次々に起こり始めました。

そして、教えを実践して92日後、医師からは治る見込みがないと言われた母のうつ病が完治したのです！　暗く長いトンネルを抜け、ようやく光の差す道へと出られた思いでした。

それから、私は心について勉強を始め、心理カウンセラーとして活動を開始しました。

でも、なかなか思うように進まない日々。そんななか、ある女性経営者との出会いで一気に仕事が軌道に乗り、独立。最愛のパートナーも得て、大好きな石垣島に移住。今は毎日ワクワクしながら目覚め、幸せで充実した生活を送っています。ありがたい気持ちで胸がいっぱいです。

でも、これは私だけに起きた特別なことではないんです。

むしろ奇跡は、そのしくみさえわかれば、誰の人生にも必ず訪れるものだと私は確信しています。

なぜなら、私が学んだ方法をお教えした方々も、次々と「信じられない！」「こんなことが!?」という奇跡を体験されているからです。いくつかご紹介しますね。

・60代パート主婦の方が宝くじで3億円当て、アパートのオーナーに！
・母親から突然の生前贈与で思いがけない大金が！
・長年の夢だった家族でのヨーロッパ旅行が、転勤で叶った！
・何年も引きこもりだった高校生が数ヵ月で大学に合格！
・重度の男性恐怖症を克服し、幸せな結婚！
・ずっとできなかったダイエット・貯金・禁煙を1年で達成！

ここではすべてご紹介しきれないのですが、このほかにも、本当にたくさんの奇跡の体験をお寄せいただいています。

これまでの活動のなかで数え切れない奇跡を拝見して、私はつくづく思います。

誰にでも奇跡を起こす力がある、と。

「何の取り柄もない自分には、ムリムリ！」
「今までいろいろやったけどダメだったし、どうせうまくいかないよ」

もしかすると、あなたのなかにそんな気持ちがチラッと生まれたかもしれません。

その気持ち、私には痛いほどよくわかります！

だって私自身も、かつて毎日そんな思いを抱えて生きていたのですから。


でも、心の師匠が教えてくれたのは、本当に簡単なことばかりなんです。

たとえば、**いい言葉を使う、感謝する、笑顔を心がける……。**

お金がかかる方法は一つもありません。技術も根性も要りません。無理してがんばる必要もありません。全部、今すぐできます。

ただ、ちょっとした「つまずきポイント」があります。
途中で「疑いの心」が生まれてしまったり、「自己否定」の気持ちに苛《さいな》まれたり……。
そういった気持ちって、誰の心にも生まれますよね。
でも大丈夫！　この本では、その「つまずきポイント」をクリアする方法も含めて、
私が心の師匠から学んだ「奇跡の起こし方」をわかりやすくご紹介していきます。

知っていましたか？　実は、奇跡は起きた「後」が楽しいのではなく、起こしにいく「過程」も楽しいのです。

心の師匠の教えを実践し始めて、私はそのことをすぐ実感しました。

落ち込んでいた毎日に活気が出て表情が明るくなり、「ｍａｓａさん、何か魔法を使った？」とまで言われるようになったのです。

あなたも、自分にできることから始めていけば、きっと「なるほど、このことか！」と納得していただけるでしょう。

この本では、私のお客さまの奇跡の体験談をたくさんご紹介していきます。もちろん、どれも実話です。

「わあ、すごい！」「奇跡が起きてよかったなあ」「感動するなあ」「この奇跡が自分に起きたらどうだろう」と、ワクワク・ドキドキしながら読んでいってくださいね。

すると次第に、「もしかしたら、自分にも奇跡が起きるかもしれない！」と思えるようになります。その気持ちこそ、奇跡を起こす第一歩です。

よく、「人は生まれる前に、自分で人生のシナリオを書いてくる」と言われますよね。そう考えると、自分で書いた物語がバッドエンドのはずがありません。あなたが主人公の物語は、必ずハッピーエンドになるはずです。

そのハッピーエンドまでの道のりを苦しいものにするか、それとも、ワクワク・ドキドキする奇跡の大冒険にするか。それは、あなた次第！

奇跡は待つものではありません。「自分で起こすもの」。

あなたの「奇跡」を、これから一緒に起こしに行きましょう！

もう、あなたは一人ではありません。

今この瞬間から、少しずつ、でも確実に変化が起き始めます。

だって、この本を手にしたあなたは、もうすでに「奇跡を起こす人」への道を歩き出しているのですから！

心理カウンセラー　ｍａｓａ

もくじ――奇跡スイッチの押し方！

潜在意識で夢を叶える

第1章

どん底の人生でも簡単に変わる！ 17

第2章　「ちょっと背伸びした願い」と「大きな願い」を設定しよう

第3章 潜在意識に刷り込む「感謝ノート」 111

第4章

奇跡を起こす周波数の高め方 157

心理カウンセラー masa

奇跡スイッチの押し方！

潜在意識で夢を叶える

イラスト　坂木浩子
構成　江藤ちふみ
装丁　藤田大督
編集　髙畑　圭

第1章

どん底の人生でも簡単に変わる！

誰もが奇跡スイッチを持っている

あなたの人生は今、思い通りに進んでいますか？

「そうだなあ、そこそこ、いい人生かな」という方もいれば、「なぜ、私ばかり……」

と不運を嘆いている方もいるでしょう。


今あなたがどんな状況にいたとしても、大丈夫。必ず奇跡は起こせます。

あなたが望みさえすれば、人生は「どん底」からでも絶対よくなっていきます。

なぜなら、**奇跡を起こすスイッチは誰もが持っているからです。ただ、そのスイッチの押し方を知らないだけなのです。**


その方法をお伝えする前に、まず私自身に起きた奇跡についてお話ししましょう。

実際の体験談を読んで「追体験」すると、奇跡を起こす最初のスイッチが入ります。

「今から奇跡がスタートしてるんだなあ」とワクワクしながら読み進めてくださいね！

大好きな母がうつ病になった

話は20代初めに遡《さかのぼ》ります。

私は心理カウンセラーとして独立して18年になりますが、大学卒業後は普通に就職し、そのまま定年まで勤め続けるつもりでした。

「自分に起業なんてできるはずがない」と思っていたほどです。

ところが、24歳の時、母親が突然「死にたい」という言葉を口にするように……。

俗にいう「うつ病」でした。

いつも笑顔で元気だった母親がそんな病気になるなんて、夢にも思いませんでした。

3歳上の姉は結婚して出産したばかり。父親は「うつ病なんて怠《なま》けてるだけだ」と聞く耳を持ちません。私しか介護する人がおらず、それからは貴重な休日が母親の通院で消えていきました。

母の症状は次第に重くなり、処方してもらった薬が切れるとプルプルと小刻みに震えるようになりました。

そして、「死にたい」「もう生きていても仕方がない」「お荷物になってごめんなさい」と、毎日言うように……。

私は途方に暮れ、「ゆっくり治していけばいいよ」と答えるのが精いっぱいでした。

ただ、私も週5日働く身。仕事だけでも大変なのに、母親が心配で仕事への集中力が欠けるようになります。

「何か役割を与えていないと自殺してしまうのでは」と、生存確認もかねて、昼休みや退社前にちょっとした用事を見つけては、母に電話するようにしていました。

そんなある日、心療内科の先生に「母親のうつ病はいつ治りますか？」と尋ねたところ、心が打ちのめされる答えが返ってきました。

「現代の医療において、うつ病などの心の病気を『治る』と断言することはできません。なので一生治らないものだと思って、お薬と仲よくしていきましょうね」と言われたのです。

先生は悪気があって言ったのではないと思います。でも20代の私にとって、それは絶望的な言葉でした。

「じゃあ、一生、母親の介護をしないといけないのか」と絶望の淵《ふち》に落とされ、そこから次第に、心も生き方もやさぐれていきました。

追い詰められて人生が負のスパイラルへ

たった一人の介護で、体力も気力も限界でした。仕事のやる気も失ってしまい、会社を辞め、大学時代から付き合っていた彼女とも、別れることになりました。

そして、いつの間にか「生きていても仕方ない」と思うようになっていきました。

人生に希望などまったく持てません。まさに、負のスパイラルです。

そんな私に、追い打ちをかける出来事が起こりました。仕事を辞めて家にいることが増えた私は、毎晩のように父親と大げんかをするようになったのです。

先ほどお伝えしたように、父親は「うつ病は怠けてるだけ」というスタンス。母親に対して「早くメシを作れ」「働いてもいないくせに」「やる気がないのを病気のせいにするな」と言っていました。今思うと、完全にモラハラです。

そんな父親と私は毎晩のように言い争い、父は歯向かう私を思いっきり殴るようになりました。私は絶対に手を出さないと決めていたので、毎晩、殴られる一方です。でも、やられっぱなしは嫌だったので、思い切り言い返します。父子《おやこ》の怒鳴り合いが続くなか、ある日、母親が私たちの間に割って入ってきました。

そして「あなたがけんかしている姿を見るほうがつらい」と、大泣きされてしまったのです。その時、私は「もう、この家にいてはいけない」と感じました。

それから1週間で家を飛び出し、一人暮らしを始めました。母親には「週に一度は心療内科に連れていくから」と約束をして。

人生初の一人暮らしは望んだ形ではなく、父親と大げんかして、やむにやまれぬスタートだったのです。

私は、家賃3万8000円のアパートに暮らし、コンビニでアルバイトを始めました。当時の時給は780円。

これだけでは、生活費のすべてはまかなえません。不足分は、少しずつ貯金を取り崩していきました。

アルバイトで生きる道を選択したのは、正社員だとまた仕事に集中できなくなりそうだし、母の通院が急に入る可能性もあったからです。

私は一生懸命働きましたが、「どうして、こんな人生になってしまったのだろう」と落ち込んでいきました。

平日はバイトして、週末に実家の最寄り駅まで行き、母親を電車で心療内科に連れていく人生。

友人たちが順調にキャリアを積み重ねるなかで、あせりや不安、恐怖や絶望しかありませんでした。「もう、俺の人生終わったな」と思っていました。

神社で毒づく試練の日々

この話をすると「友達には相談したらよかったのに」と言われることがあります。

でも私は、誰にも相談できませんでした。「相談しても、友達が解決できる話じゃないので負担になってしまう」と思っていたからです。

心理カウンセラーの立場からいえば、解決はできなくても友達に話すだけで心が軽くなっていたでしょう。

でも当時の私は、一人で悩みを抱え込んで「悲劇の主人公」を演じていたのです。


そんな生活が3年間続き、27歳になった年のこと。

私は近所の神社で氏神様に、文句や怒りを叫びに行くようになりました。


「なぜ、こんな人生になってしまったんだ！　ふざけるな！」

「神様なんていない！　もし実際にいるんだったら、なんの罪もない人間がこんな苦しむわけがない！」

今思えば、それだけ苦しくつらかったのでしょう。とてもバチ当たりなのですが、溜まりに溜まった鬱憤《うっぷん》を神社の境内で発散するようになったのです。

幸運にも、あまり人気《ひとけ》のない氏神様だったからできたということもあります。

とにかく「朝アルバイトに行く↓帰りに氏神様に寄って文句を叫ぶ↓家に帰る」というサイクルを繰り返す日々が続きました。

神様は、不届き者の私を見捨てませんでした。

そのことを、私は「あとで」体感します。

この経験から、「強い想い」は神様に届く。そして、神様は心が広く穏やかなので「人間が文句を言ったくらいでは怒らない」と、私は勝手に思っています（もちろん、そんなことはしないほうがいいのですが……）。

すべては「奇跡の一冊」との出会いから始まった

神様が起こしてくれた「第一の奇跡」は、本屋さんで起こりました。

その頃、私は定期的に本屋へ行くようになっていました。

決して、読書家になったわけではありません。私はかねて、母親に初めて出た薬は、本屋で『お薬事典』という本を開いて処方箋と照らし合わせ、薬効や副作用を調べるようにしていたのです。

それで、「また抗うつ剤や睡眠薬が、強い薬になってる」などと、一喜一憂していたのです。

ある日、いつものように神社に行き、私はこう言って氏神様を挑発しました。

「神様なんていない。本当に神様がいるなら、奇跡を起こしてみろ！」と。

本当に、どんなバチが当たってもおかしくありません。文字通り、神をも畏《おそ》れぬ態度です。

しかし、神様に毒づかなくてはいられないくらい、当時の私は追い詰められ、孤独のなかでもがき苦しんでいたのです。

家に帰った私は、新しい薬が出ていたことを思い出し、疲れをおして再び本屋へ向かいました。

そして、いつものように『お薬事典』を読み、帰ろうとしました。その時です。無意識のうちに、いつもはまったく行かないコーナーへ自然に足が運ばれていったのです。

今考えても不思議ですが、自分の意思で向かったのではなく、足が自動的に動いたような感覚でした。

そこで、私は「えっ!?」と思わず声を上げそうになりました。**遠目から見ても、棚の一角に「ピカピカ」と光っている場所があったんです!**

まぶしく光っている棚に近づいていくと、発光しているのは一冊の本でした。

私は、おそるおそるその本を引き抜きました。著者は、長者番付日本一に何度もなった実業家であり、作家でした。

それが、のちに私の人生を百八十度変える「心の師匠」との出会いです。

人生に絶望し、孤独と不安のなかで溺れそうになっている時、神様は「心の師匠との出会い」という奇跡を起こしてくれたのです

ちなみに、私には特殊能力なんてありません。「本が光っている」なんて、後にも先にも、人生でその1回きりです。

だから、「本当に神様がいるなら、奇跡を起こしてみろ!」と言う私の要望を、神様が叶えてくれたのではないかと今でも思っています。

人生を百八十度変えた「心の師匠」との出会い

その本を手に取ると、いつの間にか不思議な光は消えました。

私はさっそく立ち読みを始めました。本文は「話し口調」で、わかりやすく書かれ

ています。なので、スルスルと読むことができました。

内容は、人生がよくなるヒントのようなもので、「〝天国言葉〟を使う」「顔にツヤを出す」「人の幸せを願う」などの行動が勧められています。


私はすぐ、「あ、宗教とか、そういう類いの本なのか」と思いました。

でもその次に、著者プロフィールを見て驚きます。そう「累計納税額日本一」と書いてあったからです。

「この著者は宗教家じゃなくて、実業家なの!?」と、私は混乱しました。


もし、日本で一番納税をしているなら、商売が大繁盛して儲かっているはずです。

それなら「言霊《ことだま》」や「人の幸せを願う」などというあやしい話はしないほうがいいに決まっていますよね。「霊感商法をしてる」なんて誤解されかねません。

それなのに、納税を日本で一番している実業家が、おもしろおかしく「言霊」や「宇宙の真理」についての話をしているのです。私は考えました。

「日本一の納税者の伝えるメッセージだから、絶対に真理が隠されているんじゃないか！」と。

そもそも私は大学では法学部で、卒業後は法律事務所に勤めていた人間です。論理や理屈が大好きなバリバリの左脳派で、基本的に「目に見えるもの」しか信じないタイプでした。

ただ当時は、人生が絶望的で何をやってもうまくいかない時期。「何かにすがりたかった」という想いがあったのかもしれません。

読み進めていくと、本の一文にこんな言葉がありました。

「幸せになるのは権利じゃなくて、義務なんだよ」

この言葉を見て心がジーンと温まり、今にも涙があふれそうに……。

周囲に人がいなかったら、確実に「ワーン、ワーン」と泣き出していたと思います。

読み進めるうちに、私の心は少しずつ変化していきました。

本の内容に心を打たれ、「この著者の考えは、信じたほうがいいんじゃないか!?　いや、信じたい！」と思うようになったのです。

しかし一通り立ち読みし終わったあと、私はその本を買わずに帰りました。時給780円の私には、1500円の本なんて、高くてどうしても買うことができなかったからです。

でも家に帰ったあと、心がモヤモヤし始めます。

その本は、著者の講演CDが付録になっていました。そのCDが聴きたいという思いがむくむくと湧き、思いはどんどん大きくなるばかり。CDを聴きたくて聴きたくて……。

そして翌日、バイトが終わったその足で、私はその本を買いに行ったのでした！

私は、その本を数え切れないくらい読み返しました。もちろん、CDも繰り返し聴きました。

そして、母の病気のことも考え、とりあえず実験として100日間は実践してみようと、本に書かれていたことを始めました。いわゆる「100日チャレンジ」（詳細は後述）です。

そこから、私の人生が確かに変わり、奇跡が起こり始めたのです。

奇跡を起こす「幸せの3原則」

「奇跡が起きたくらいだから、手間のかかることをたくさんやったのかな」と思った方もいるかもしれませんね。

でも、私が「よし、やってみよう！」と思ったのは、たったの3つ。

今でこそ、皆さんにたくさんの選択肢をお伝えしたくて、さまざまな開運法や心の整え方について発信していますが、人生を変えようと決意した最初の1年間、私が徹底してやったのは、次のことだけです。

幸せの3原則
❶ いい言霊を持った「天国言葉」を唱える
❷ 感謝する

❸人の幸せを願う（親切にする、笑顔であいさつする）

一つ目は、「天国言葉」を唱えること。

心の師匠は、高い周波数を宿した言霊を「天国言葉」と呼んでいました。

言霊とは、言葉そのものに力が宿るという日本古来の考え方で、天国言葉は、具体的には「ついてる」「愛してます」「うれしい」「楽しい」「感謝してます」「しあわせ」「ありがとう」「許します」などです。

物事は同じ周波数同士で共鳴するという原則があるので、これらの言葉を唱えていると、その言霊通りの現実が起こっていきます。

天国言葉の逆が「地獄言葉」。不平不満、愚痴《ぐち》、泣き言、悪口、文句、怒りなどを表す言葉です。地獄言葉も、その言霊通りの現実を引き起こします。

当時の私は「地獄言葉」しか使っていませんでした。「だから、自分の人生には不幸なことしか起こらないのか」と納得したのを覚えています。

私は、「ついてる」という言葉を中心に、天国言葉を最低でも1日1000回は唱えるようにしました。

次に、日々、あらゆることに感謝するようになりました。

感謝は、奇跡を起こすすばらしい力を持っています。

もし今、感謝できるような状況ではなかったとしても、無理にでも感謝の気持ちを持とうとすることが大事だと、本には書かれてありました。

感謝することで願いが叶いやすくなる。奇跡が起こりやすくなる、と。

そこで私は、家族や自分が生きていること、元気で仕事ができること、三食きちんと食べられることなど、感謝できることを毎日見つけてノートに書き出すようにしたのでした。


最後に、人の幸せを願うことも意識していきました。

心の師匠の本には、「自分が発した思いと同じものが返ってくる。だから、人の幸せを願うと、自分も幸せになる」と書いてありました。

なるほどと思った私は、家族や友人はもちろん、レジでお客さまの幸せを願うようにしたのです。

それまで、うつむいてボソボソ言うだけだった「いらっしゃいませ」「ありがとうございます」も、お客さまの目を見ながら、大きな声で腹の底から心を込めて言うようにしました。

そして、常連のお客さまには、「今日もステキな笑顔ですね！」「よい一日を！」と声をかけ、レジでは「この人が、今日も最高に幸せな一日を過ごせますように」と心のなかで願うようにしました。

私はこの3つを「幸せの3原則」と名づけ、今でも変わらず実践しています。また、今では私のお客さまにもお伝えしています。

なぜなら、この3原則で奇跡が起こせたから。そして、私だけでなく、多くのお客さまに奇跡が訪れたからです（詳しい理論や方法は第2章以降でお伝えしますね）。

こうして奇跡は始まった

最初の変化は、1ヵ月ほど経った頃から徐々に表れました。

とても小さなことですが、「奇跡だ！」とうれしくなることが起き始めたのです。

まず、**当時勤めていたコンビニにはレジが2台あるのに、なぜか私のレジにだけ長蛇の列ができるようになりました。**そして、お客さまが私と一言二言、話したがってくださるようになったのです。

オーナーが防犯カメラをチェックして「ｍａｓａさん、どんな魔法を使ってるの？」と驚いたほどでした。

常連のお客さまに、「最近、君、笑顔が出てくるようになったね」と言われた時は、「見てくださっている方がいたんだ！」と、とてもうれしかったことを覚えています。

気がつけば、横柄な態度を取ったり難クセをつけたりするお客さまは、いつの間にかいなくなっていました。

さらに、「心の師匠の本がないかな」と図書館に行った日のこと。

探しても探しても本はなく、あきらめて帰ろうとしたところ、入り口付近に「本日の返却本コーナー」があり、そこに師匠の本があったのです！

思わず「ついてる！」と口から出てしまいました。

小さな奇跡はまだ続きます。

ある時、オーナーから「これで帰りに、コーヒーか肉まんでも買って」と500円分のクオカードをもらったのです。

長年勤めていましたが、そういったものをもらうのは初めてのこと。私は「本の効果が出てるんじゃないか!?」と思いました。

また、ある日のバイト中、「今夜、カレーライスでも作ろうかな」と思ったことがありました。

そして帰りにスーパーに寄ってみると、入り口正面に「本日カレーの特売日」とドドンとポップが! カレールーとカレー用野菜セットがまとめてあり、しかもお手頃な値段で売られていました。

母のうつ病が治った!

小さな奇跡が頻発していくなかで、母親に変化が表れました。

「昨日は体調がよかったから、昼の薬を飲まなかったけど大丈夫だった」「薬を半分にして飲んでも問題なかった」「睡眠薬を飲まなくても朝までグッスリ眠れた日があった」などと、不思議なことを言うようになったのです。

もちろん、私は「お母さんのために『100日チャレンジ』をやってるよ」とは言っていません。秘密にしていたわけではないのですが、言っても「あやしい」と思われるのがオチだからです。

でも、1日8種類を20錠も飲んでいた薬が徐々に減っていき、忘れもしない100日チャレンジの92日目。母親は、完全に薬を手放すことができました。

医師に「治らない」と言われたうつ病が治ってしまうという奇跡が起きたのです!

母は1949年生まれで、今75歳ですが、うつ病が治って以来、薬を1錠も飲んでいません。

心理カウンセラーとして独立

その後、私は派遣社員として働きながら、心理カウンセラーになる勉強を始めます。心の師匠が自分の人生を救ってくれたように、私も誰かの役に立ちたいと思ったからです。

でも、最初から起業できるわけもありません。初めのうちは昼間は働きながら、夜や休日に副業として独立の道を目指しました。

その当時は、「90分３０００円」でカウンセリングを始めたのですが、受けたいと言ってくださる方にはなかなか巡り会えませんでした。

異業種交流会やセミナーに参加しながら必死で営業活動をするうちに、一人の女性経営者を紹介してもらいました。

当時、65歳のその方との面会時間はわずか1時間。一生懸命だけが取り柄の私は、せっかくお会いできるのだからと、１００個の質問を考えていきました。

そして当日、私は「成功の秘訣を教えてください」と、時間の許す限り質問していきました。

すると、その方はとてもおもしろがってくださり、なんと5時間も私の話を聞いてくださったのです。

そして、「これからは、カウンセリングの料金を90分2万円にしなさい。あなたにはその力があるから」と助言してくださいました。

それだけではありません。「これから500人のお客さまを紹介してあげる。一人から2万のカウンセリング料を取れば、それだけで1000万になるでしょ。そこまで協力してあげるわ」と言ってくださったのです！

この出来事がきっかけで、私は心理カウンセラーとして独立することができたのでした。

最愛の妻と結婚して石垣島へ移住

その後、私は公私ともども多くの出会いに恵まれ、仕事も安定し、最愛の妻とも結ばれます。

そして2014年、妻と初めて石垣島を訪れた時、人々の温かさやおいしい食事、心地よい気候に魅了され、それからは毎年、1週間ほど石垣島で休日を過ごすようになりました。

次第に移住を考え始めたのですが、当時のお客さまは関東圏が中心。現実的には難しいと思われました。

でも、あきらめることなくイメージを膨らませていたら、ある時、「オンラインでカウンセリングすればいい」というひらめきが訪れたのです。

まだ世界的な混乱を生んだコロナ禍が始まる前で、オンライン・カウンセリングは一般的ではありませんでした。

2018年、恐る恐るお客さまに提案してみると、皆さんから「むしろ、外出の手間が省けて助かる」と歓迎されました。それで1年かけてセッションをすべてオンラインに移行し、翌年にはついに念願の石垣島移住を実現したのです!

その1年後にコロナ禍が始まりましたが、すでにオンライン体制が整っていたため仕事に支障はなく、むしろ活動は広がっていきました。

当初は不可能に近かった石垣島移住を実現でき、毎日大好きな自然や地元の人たちに囲まれて幸せに暮らせているのは、奇跡以外の何物でもないと思っています。

今私は、かつて活躍する同世代を横目で見ながらコンビニで働いていた自分、人生に絶望していた自分に、「大丈夫、奇跡は起きるよ！」と声をかけてあげたい気持ちでいっぱいです。

奇跡が起こるしくみとは

私に起きた奇跡のストーリーを読んでいただき、ありがとうございます。

あなたは、どう感じたでしょうか？

「いやいや、これはｍａｓａさんだから起きたことでしょう」「そんな幸運、めったに起こらないよ」と、感じた方もいるかもしれません。

20代の頃は、私もそう思っていたので気持ちはよくわかります。

でもしくみさえわかれば、奇跡は必ず誰でも起こせます。

しかも、難しい技術や複雑な手続きは不要です。これから具体的にお話ししていきますが、その前に一つ、私から質問です。

あなたは、「奇跡」って何だと思いますか?

実は私たちは毎日、知らないうちに「奇跡」を起こしているんです。それも、とってもシンプルな方法で。

「まさか!」と思うでしょうか。

でも私は、今までの人生を通して気づいたのです。「奇跡は特別なことじゃない」と。

ヒントは、日常生活のなかに隠されています。

たとえば、あなたが「今夜は肉じゃがを作ろう」と思ったとしましょう。

その時、まず頭のなかで、必要な材料を思い浮かべますよね。「お肉、じゃがいも、玉ねぎ、人参、しらたき……」と。

そして自然に、「スーパーで材料を買って、調理して、家族に『今夜は肉じゃがだよ』と言って出す」というイメージが浮かんできます。

このイメージが浮かんだ時、私たちはまったく疑いを持ちません。「材料が売り切れてたらどうしよう」「包丁で指を切ったら肉じゃがを作れない」なんて、普通は考えないですよね。なぜでしょう？

それは、「自分は肉じゃがを作れる」と確信できているからです。

実は、この確信こそが、奇跡を起こすための大切な要素なのです。

現実は「イメージ」から始まる

人類の歴史を見ても同じことがいえます。私たちの身の回りにあるものは、すべて誰かの頭のなかのイメージから始まっています。

たとえば、iPhoneはスティーブ・ジョブズが「携帯電話とパソコンを一つにできないかな」と考えたことから始まりました。最初は「頭のなかのイメージ」だけです。

それが今や、多くの人の生活に欠かせないものになっています。

同じように、机も、建物も、本棚も、すべて誰かの頭のなかで生まれたイメージが形になったものです。

これが「思考（イメージ）の現実化」というものです。

特別なことではありません。肉じゃがの例でわかるように、私たちは常に無意識でこれを行っているのです。

別の例も考えてみましょう。

ある時、あなたの頭に、ふと「ハワイに行きたいな」という思いが生まれました。

するとその時から、周りの環境が変わり始めます。

たとえば、友達からハワイの話を聞いたり、職場でハワイのお土産をもらったり、テレビ番組でハワイ特集をやっていたり……。

そのうちあなたは、旅行会社のウェブサイトを見て航空券やホテルを調べている自分を発見するはずです。

そして数ヵ月後、あなたは実際に、ワイキキビーチに立っている。

これは、半年前に頭のなかで描いた「ハワイに行きたい」という思いが現実になった。つまり、あなたのイメージが「物質化」したということです。

お茶を飲むことも、買い物に行くことも、すべて最初は頭のなかのイメージから始まります。こうやって私たちは、日常生活のなかで「思考の現実化」を行っているのです。

「変わりたい」という思いが奇跡を起こす

では、私たちが「奇跡」と呼ぶものは何なのでしょう？

答えは簡単。奇跡とは、「願った現実が、今の自分には届かないと思っている現象」が実際に起こることです。

今まで見てきたように、本来、私たちの思い描いたイメージは現実化します。

でも、「今の自分では無理」「どうやっていいかわからない」と思っていると実現が難しくなります。その状況を超えて、思い描いた状況が目の前に表れた時、私たちは「奇跡が起きた！」と言うわけです。

たとえば「月収100万円稼ぎたい」という願いがあるとします。

今の月収が20万円や30万円だとしたら、どうやって実現すればいいのかわからないかもしれません。その距離感があるから、実際に月収100万になることを「奇跡」と呼ぶわけです。

しかし、ここでちょっと考えてみてください。

帰宅途中にパートナーへ花を買って帰ることも、100万円稼ぐことも、「頭のなかで思い描いて実現させる」という意味では、同じプロセスですよね。

私がお伝えしたいのは、この「思考の現実化」をもっと意識的に、そしてポジティブに使っていこう、ということなのです。

コンビニ店員の時、私は、資格も、才能も、人脈も何もありませんでした。心の師匠に出会うまでは、超ネガティブでしたし、自己評価もめちゃくちゃ低かったです。

でも、「変わりたい」「幸せになりたい」という思いだけは持っていました。

その思いさえあれば、いつでもいつからでも人生を変えていけます。

きっとあなたも、「奇跡を起こして、人生をよりよく変えたい」と思ったからこそ、この本を手にとってくださったのだと思います。

ぜひ今日から新しい一歩を踏み出してみてください。

頭のなかで思い描くことが、いつか必ず奇跡としか思えない現実となって表れますから！

しかし、焦る必要はありません。一歩ずつ進んでいけば着実に奇跡が近づきます。

さっそく、具体的な手順を学んでいきましょう！

奇跡は5ステップの「総合力」で起こる

これまでの経験から、私は、奇跡を起こすステップは5つに分けられると気づきました。それが、次の5ステップです。

この手順に沿っていけば、誰でも迷うことなく確実に進んでいけます。

奇跡の5ステップ

❶ 願う
❷ 信じて疑わない
❸ ワクワクして行動する
❹ 小さなことに感謝し、日々のシンクロに気づく
❺ 「どでかい奇跡」が起こる

大事なポイントですが、奇跡を起こすには、5つをすべて合わせた「総合力」が必要です。

「願っているだけ」「ワクワクして行動しているだけ」「感謝しているだけ」では、残念ながら、うまくいかない可能性が高いのです。

母の病が癒えたのも、心理カウンセラーになれたのも、石垣島に移住できたのも、まったく同じ5ステップで実現しました

そして今、カウンセラーとして多くの方とお会いするなかで、この5ステップの連携こそが、まさに奇跡を起こす秘訣だと納得しています。

詳しくはのちほどお話しするとして、ここでは簡単に各ステップを説明していきましょう。

❶ 願う

まず第一歩は、自分の願いをはっきりさせること。といっても、がんばって探す必要はありません。心のなかに浮かぶ素直な願いを意識しましょう。

私の場合は、「母が元気になりますように」という切羽詰まった願いがありましたが、どんな願いや夢でも構いません。ノートに書き出すなどして、意識していきましょう。

❷ 信じて疑わない

今夜の夕飯を作ることを疑わないのと同じように、自分の願いが叶うことを疑わないでいましょう。とはいえ、不安や疑いの気持ちも当然生まれます。

そんな時は、「幸せの3原則」を実践するなどして、その気持ちを消していきましょう。

　5つのステップはすべて大事ですが、あえて一つ選ぶとしたら、この「信じて疑わないこと」がもっとも重要なポイントです。

❸ワクワクして行動する

　ただ待っているだけでは、奇跡は起こりません。とはいえ、眉間にシワを寄せて必死で行動しても結果はなかなかついてこないでしょう。

　奇跡を起こすには、願いが叶った時のことをイメージして、心をときめかせながら楽しく行動する。これが鉄則。

　この本では楽しく行動するコツをたくさんご紹介していきますから、ぜひ活用してくださいね。

❹小さなことに感謝し、日々のシンクロに気づく

　これも、とても重要なステップです。小さな奇跡やささやかなシンクロが「大きな奇跡」につながっていきます。

　奇跡の波に乗るためには、「プチ奇跡」や「プチシンクロ」をスルーしないこと。そ

して、一つひとつに「ありがとう！」と心から感謝することです。

毎日のなかで、「これは大きな奇跡が起きるサインかも！」と小さなシンクロや奇跡を受け取れるよう意識していきましょう。

❺「どでかい奇跡」が起こる

小さな奇跡やシンクロが積み重なると、ある日、「えっ！　こんなことが？」「わぁ、ウソみたい！」と思えるような奇跡が訪れます。

以前は、他人事《ひとごと》にしか思えなかったすごい奇跡が、あなたにも起きるのです。


さて、奇跡を起こすプロセスをなんとなくイメージしていただけたでしょうか？

私は確信を持って言えます。

奇跡は、決して特別な人だけのものではありません。

これから、私の下に届いているたくさんのお客さまや読者の方の奇跡をご紹介していきます。「この奇跡が、自分の身に起きたらどうだろう」「自分には、いつ起きるかな」とワクワク・ドキドキしながら読んでいってくださいね。

するとと次第に、「もしかしたら、自分にも奇跡が起きるかもしれない」と思えるようになります。その時、あなたは奇跡が起こりやすい周波数になっているでしょう！

奇跡の体験談 1

お客さまの幸せを願ったら宝くじで3億円が当たりアパートのオーナーに！

【Aさん・60代女性】

ｍａｓａさんのカウンセリングを受け始めたのは60歳間近の頃。

当時は、地元のショッピングモールで時給９００円の掃除のパートをしていました。

人生が大きく変わる奇跡なんて、この年ではもう起こらないとあきらめかけていたのですが、ｍａｓａさんとの出会いをきっかけに「奇跡を起こしたい！」と思うようになりました。

そして、ｍａｓａさんが教えてくれた基本的なことを、毎日、コツコツと実践し始めました。

まず掃除をしながらお客さまの幸せを願います。特に、トイレの清掃中は「このトイレを使う方が、今日も素敵な一日になりますように」と心のなかで唱え続けていたのです。

それから、誰に対しても笑顔で接することを心がけました。

感謝ノートも毎日つけました。「今日も元気に働けて感謝」「お客さまから笑顔を頂いてありがたい」など、小さなことでも丁寧に書き留めていました。

もちろん、「ありがとう」「ついてる」などの天国言葉も唱えていました。

そんなことを続けながら、私は宝くじを買い、家の壁には、手作りのビジョンボード（夢や目標の写真、切り抜きなどを貼ったボードのこと。詳しくは第4章でお話しします）も貼っていました。

そのボードを見ながら、私は「3億円当たったら、何をしようかな？」と、毎日、想像を膨らませていました。

すると……なんと、私に3億円が当たったのです！

本当に信じられない思いでいっぱいでした。

当せん後、賞金の使い道についてmasaさんに相談したところ、「家族向けのアパートを建ててみては？」とアドバイスしてもらい、早速、アパートを建てました。

今ではアパート経営者として、毎月の家賃収入でゆとりのある生活を送っています。

著者からのコメント

よく「宝くじなんて当たるわけない」と思い込んでいる方がいます。でも、それってとても残念だなと私は思うのです。なぜなら「当たるわけがない」と決めつけて、自分で自分の可能性を閉ざしているからです。

Aさんは、奇跡を起こしたいと願い、感謝や人の幸せを願う気持ち、明るい未来へのワクワク感など、ポジティブで高い周波数を出し続けていました。つまり、「棚ボタ」を待つのではなく、自力も楽しく発揮していたのです。

それで、奇跡の周波数と合致し、大きな奇跡を引き寄せたのでした。

Aさんのように、毎日コツコツいい波動を出し続ければ、どんな奇跡だって起こりうる――私は、そう信じています。

あなたも、自分のなかの「無理」という思い込みを、今日から少しずつ外していってみませんか?

きっと、すばらしい奇跡があなたを待っているはずです!

奇跡の体験談 2

家族でのヨーロッパ旅行を具体的に思い描いていたらパリ赴任で叶った

【Bさん・50代男性】

奇跡は、思わぬ形で実現するということも、私のお客さまに教えてもらいました。

Bさんの体験談です。

私の夢は、家族4人でヨーロッパ旅行に行くことでした。

新婚旅行で妻と2週間かけてヨーロッパを回った時の感動が忘れられず、子どもたちが社会人になる前に、あの感動を体験させてあげたかったのです。

それでビジョンボードを作り、パリのエッフェル塔や凱旋門をはじめとして、オランダやイタリアなどの美しいヨーロッパの写真をたくさん貼っていました。

でも現実的には、旅行のために、会社員の私が2週間もの休暇を取るのは至難の業《わざ》です。

また4人分の旅費を考えると、最低でも200万円から300万円はかかります。子どもの学費貯金はあるけれど、それを使うわけにいきません。普通の会社員の私に出せる額ではありませんでした。

ある日、カウンセリングの時間に、ビジョンボードを見せてその話をしたところ、masaさんはこう言いました。

「本当にBさんがそう望んでいるのなら、必ず叶いますよ。ビジョンボードを毎日見て、家族でワクワクしながら夢を語り合ってくださいね！」

そこで私は、ビジョンボードをリビングに置いて、食事の時に「ヨーロッパのどこに行こうか」「現地では、何を食べようか」と家族と楽しく話し合うようになりました。

すると、驚くべき展開が起こります。

それから、7～8ヵ月後のこと。会社初の海外拠点の第一号社員として、私に白羽の矢が立ち、突然、パリに転勤が決まったのです。しかも、家族4人での赴任が認められたのでした！

「こんなことがあるなんて！」と家族で大喜びしました。

今、私たち家族はパリに在住。休日を利用して、ヨーロッパの国々を巡っています。

著者からのコメント

この話には、大切なメッセージが隠れています。

それは、**「願望を設定したら、手段や方法は考えなくていい」**ということです。

Bさんは、ただビジョンを明確に持ち、それを家族と共有し、ワクワクする気持ちを大切にしました。お金や時間の心配はありましたが、「できない理由」を考えるのではなく「なりたい未来」をイメージし続けました。

すると、思いもよらない方向から奇跡が訪れたのです。まさか、海外赴任という形で夢が叶うとは、誰も想像していなかったはずです。

本当に勇気が出る、すばらしい例だと思いませんか?

「お金がない」「時間がない」はもちろんのこと、「経験がない」「前例がない」「能力や才能がない」など、私たちはつい「できない理由」を探しがちです。

でも大切なのは、「できる方向を見る」こと。

そして、具体的にビジョンを描き、それを信じ切ることです。

奇跡の体験談 3

老後の夢をワクワク想像したら道路拡張工事で4億円入手して実現できた！

【Cさん・60代男性】

もう一つ、意外な形で夢が叶うことを教えてくれる奇跡の話をお伝えしたいと思います。釣り好きなCさんの体験談です。

私は、つねづね「3億円欲しい！」と願い、宝くじが大当たりすることを夢見ていました。

実は、マイホームを持つのが遅かった私には、まだ多額の住宅ローンが残っていて、完済予定は70歳。だから退職後も、シルバー人材センターに登録してせっせと働いていたのです。

そんな私に、ｍａｓａさんはこうアドバイスしてくれました。

「お金が入る方法を、宝くじだけに限定しないでくださいね。お金が入ってくる方法は、ほかにもありますよね。大切なのは、『3億円を手にした後の人生』を具体的にイメージすることですよ」と。

「3億円入ったら、どんな生活がしたいですか？」と尋ねられたので、釣りが大好きな私は、「仕事を辞めて、釣り三昧《ざんまい》の生活がしたいです！」とすぐ答えました。

「釣り三昧の生活、本当にワクワクしますか？」と聞かれて、「もちろんです！　一日中、釣りができると考えただけでワクワクします」と答えました。

ｍａｓａさんは、「毎日、3億円を手にして釣りをしている人生をイメージしながら、言霊や感謝の言葉を唱え続けてください」と教えてくれました。

すると、奇跡が起きたのです。

私は、両親から相続した空き家を所有しており、週に1度通って掃除や換気をしていたのですが、その家がある日、道路拡張工事の対象になったのです。土地が広かったこともあり、なんと補償金として4億円が入ることになりました！現実って、おもしろいですね。私が望んでいたのは3億円だったのに、4億円も入ってきたのですから。しかも、誰も予想しなかった形で。

今、私は念願だった釣り三昧の生活を送っています。もちろん、ローンも完済。かねてから望んでいたように、のんびりと心豊かな毎日を過ごしています。

著者からのコメント

私はこれまで、たくさんの方たちが、本当にありえない形で願いを実現させる現場を目の当たりにしてきました。だからこそ言えます。

夢は、思いもよらない形で現実になります。

だから、「起業しなきゃ」とか「もっとがんばらなきゃ」とかと、決めつけないほうがいいのです。それって、自分で可能性を狭めているだけかもしれないのだから。

大切なのは「方法」ではなく、「結果」や「なりたい自分」をイメージすること。


我慢したり、無理してがんばったりする必要はないのです。

ただ、心からワクワクできる未来を描いて、それを信じ切ること。

すると、きっとすばらしい奇跡が、あなたを待っています！

皆さんも、今日から「決めつけ」や「あきらめ」をやめて、もっと自由に夢を描いてみませんか？

まずは願いを決めて、奇跡が起こることを信じ切り、ワクワクしながら行動し、日々の小さな出来事に感謝して……。

そうしているうちに、きっと素敵な奇跡があなたを待っているはずですよ。

たくさんの奇跡を見てきた私が保証します！

第2章

「ちょっと背伸びした願い」と「大きな願い」を設定しよう

「ベルサイユ宮殿に住みたい！」

さっそく、奇跡を起こす最初のステップに入っていきましょう！

奇跡への第一歩は、「願う」ことでしたね。

まず、どんな夢を叶えたいか、そしてどういった現実を作りたいか、考えていきましょう。


あなたは、どんな自分になりたいですか？

どんな夢がありますか？

遠慮することはありません。恥ずかしがらなくて大丈夫です。どうぞ自由に、自分の心に正直になって考えてみてください。

願望を持つ時のちょっとしたコツをお話ししましょう。

私はいつも、「2つの願望を持つといいですよ」とお伝えしています。

具体的にいうと……。

一つは、「ちょっと背伸びすれば届きそうな願望」。

もう一つは、「とてつもなく大きな願望」です。


たとえば、今、月収30万円の方が「50万円稼ぎたい！」という願いは、背伸びすれば届きそうですよね。

副業を始めたり投資を勉強したりして、がんばればできるかもというワクワク感があります。


逆に、「ベルサイユ宮殿に住みたい！」という願いは、とてつもなく大きな願望の典型です。

これは実際に、あるお客さまさんが持っていた願望です。ベルサイユ宮殿の写真を見せてくださって、「ここに住むのが夢なんです！」と。

正直、住めるかどうかというと、かなり微妙です。でも、その方は目を輝かせて「でも、すごくワクワクするんです！」とおっしゃいます。

私は、そういう大きな夢を決して否定したくありません。

だって、子どもが「宇宙飛行士になりたい！」「オリンピックに出たい！」と言って、本当に実現している例もありますよね。

夢を否定されると、人は夢を持つことをやめてしまいます。だから、0・001％でも希望があれば、あきらめずに願い続けていただきたいと思っています。

たとえば、ベルサイユ宮殿に住むことを夢見ているなら、まずは「フランスに移住する」とか、「自宅をベルサイユ宮殿風の内装にする」とか。

そういう、背伸びすれば届きそうなところから始めてみる。そういったことなら、今から夢に向かって実行できますよね。

ただし最初のうちは、やはり、リアリティを感じられる願望のほうが取り組みやすいのも事実です。

月収でいうと、「今の10倍！」だと、なかなかリアルに想像するのは難しいし、何から手をつければいいか、漠然としてしまいます。

でも、プラス10万円とか20万円なら、「こうすれば稼げるかも」って具体的にイメージできますよね。そうやって現実に行動できれば、夢が叶いやすくなるのは当然。

だから、私は「まずは、身近な願望から」とお勧めしているのです。

でも！　大事なことですが、先ほどの「ベルサイユ宮殿に住む」みたいな大きな夢も持っていただきたいと思っています。

だって、奇跡が起きて、いきなり大きな夢が叶うかもしれない。いや、もっとすごい奇跡が起きるかもしれない。その可能性は大いにあるからです。

大きな願望は、心に浮かんでくるもの、ふと胸に宿るもの、なんでもOKです。

もちろん、現実的に考えれば無理なものもありますよね。

たとえば、野球経験のない私が、今から「メジャーリーグで大谷翔平《おおたにしょうへい》みたいになる！」なんて言ったら、それは難しいでしょう。

でも、「ロサンゼルスに豪邸を持ちたい」という夢なら、意外な形で叶うかもしれません。本当に心からワクワクするなら、どんなに大きな夢でも持っていていいんです。

嫉妬は自分の本当の願いに気づくヒント

だから、「どんなに考えても、ピンと来る夢や願望が浮かばない」という方も悩む必要はありません。

少し意外かもしれませんが、「自分が誰に嫉妬しているか」を探してみるのもお勧めです。

ＳＮＳやテレビを見ていると、「いいなぁ」とうらやましくなったり、妙に引っかかったりすることってありますよね。

たとえば、一流レストランで食事している人を見て、「自分とは別世界だな」とため息が出る。自分の趣味を生かした起業で成功している人の投稿に、「私だって……」とモヤモヤする。

実はこれ、大切なサインです。

もしかしたら、あなたのなかに「自分も本当はそうしたいのに我慢している」とか、

「やってみたいのに勇気が出ない」といった気持ちが隠されているのかもしれません。

その思いが、嫉妬心として湧き上がってきているのです。

裏返せば、そこにあなたの願望があるということ。あるいは、あなたが発揮すべき才能があるということです。


ですから、何が願いかわからない時は、まずはいろんな情報に触れてみましょう。

そして、その時の感情の動きを観察してみましょう。

そして、「あ、いいなぁ、うらやましいな」「ちょっと、この人に嫉妬するな」と感じたところから、糸をほぐすように考えていけばいいのです。

「じゃあ、私は本当は何がしたいんだろう？」と。


ところで、あなたは今、こう思ったかもしれません。

「でも人に嫉妬するのは、よくないのでは？」

「嫉妬って嫌な感情だよね」

たしかに、カウンセリングでも「あの人みたいになりたいのになれない」とネガテイブになり悩んでしまう方がいらっしゃいます。

でも、当然のことですが、私たちは一人ひとり違います。

性別も、生まれた環境も、育ちも、性格も、全部さまざまです。だから、人との比較なんて、実は何の意味もないのです。

「みんなちがって、みんないい」というあまりにも有名な言葉がありますね。


あなたは、あなたのままでいいのです。

憧れの誰かになる必要も、もちろん、私のようになる必要もありません。

大切なのは、自分が満足できる人生、納得できる人生を送ること。

だから、嫉妬が湧いてきたら、「おや、なぜうらやましいのかな？　自分は何をしたら幸せだろう？」と考えていきましょう。

叶えたい願いが浮かんでこない人へ

ただし、これはあくまでも「顕在意識」での願望の見つけ方です。

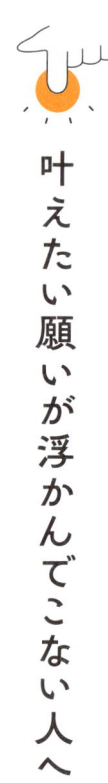

もしかしたら、自分で設定した願いの先にもっと違う、「潜在意識」からのワクワクする願望があるかもしれません。

ご存知の方も多いと思いますが、私たちには自分で意識できている「顕在意識」と、自分では把握できていない「潜在意識」の２つがあります。

そして、**人生には潜在意識が大きな影響を与えます。**

また、潜在意識は「全知全能」ですから、その人の本当の願いを思わぬ方法で叶えてくれる力を持っています。

私の心の師匠がこう言っていました。

たとえば、歌手になりたいと思った人がいて、もしその夢は叶わなくても、その過程で運命の人と出会って、一緒に事業を始めて大成功して幸せな人生を送る……ということもある、と。

つまり、最初の大きな夢があったからこそ、その方向に向かって動き出せた。結果は違う形になったけれど、すばらしい人生が待っていた。そういったことが、この現実では起きるのです。

　これって、すごく素敵な展開だと思いませんか？


　人生に、そんな展開を起こしたいなと思った時にもっとも大切なのは、願望に向かう過程で「ワクワクする気持ち」を大事にすることです。

　そして進んでいくうちに、「夢の中身」や「願いが叶う方法」が変わる場合だってあると柔軟に考えること。


　ある例をお話ししましょう。

　私のお客さまに「起業して、バンバン稼ぎたい」という女性がいました。

「まずは、月収100万円を目指す！」と起業塾に通ったり、SNSで発信してコツコツ努力を重ねたり……。でも、なかなか結果はついてきませんでした。

　ところが、その女性は起業塾の講師と結婚。今では夢のセレブ生活を送っています。

　結局、起業で成功するのではなく、「お金持ちになりたい」という願望は叶った。でも、その方法はまったく違う形だったというわけです。

このように、潜在意識はサプライズが得意なのです。

第1章で紹介した、4億円の補償金で釣り三昧の夢を叶えたCさんもそうでしたね。最初は「宝くじで3億円当てたい」と願っていたけれど、思いもよらない形で、望んでいたより多い4億円が入ってきました。

パリに家族で赴任することになり、ヨーロッパ旅行の夢を叶えたBさんもそうでした。

これらの例を見ただけで、私たちの顕在意識が思い描いている方法と、潜在意識が用意してくれるものは、全然違うことがあるとわかりますね。

思いもよらない形で願いが叶うことがある

私自身も、思いもよらない形で夢が叶った一人です。

私は学校の卒業文集に、「カウンセラーになりたい」なんて書いたことはありません。でも今、こうしてカウンセラーとして多くの方の人生に関わらせていただき、幸せな日々を送っています。

すでにお話ししたように、きっかけは母の病気でした。

人生のどん底にいた時、心の師匠と出会って救っていただきました。

その時に、「私も師匠みたいに、人の心に火を灯せるような生き方がしたい。たくさんの人に希望を与えられる人になりたい」と、心から望んだのです。

本当に、天の導きとしかいいようがありません。

これこそが潜在意識の不思議な力。楽しい「奇跡の起こし方」です。


あなたにも、顕在意識では思いもよらないような、もっと大きな使命や役目が用意されている可能性は大いにあります。

だから、今は願いがわからなくても大丈夫!

「叶うとしたら、必ずこの形」「絶対に、この夢しか認めない」と決めつけず、毎日をワクワクして過ごしましょう。


同じ会社で働いていても、「今日も仕事か……」と思う人と、「今日は何が起きるかな。楽しみだな」と思う人とでは、全然違う人生になっていきます。

目の前のことを楽しみながら周波数を高めていけば、自然と人生が展開し、「これがやりたかった！」という現実へとたどり着ける場合もあります。

そういったパターンを「展開型」といいます。

願いを叶える「目標型」と「展開型」

成功哲学や自己啓発の世界では、願望実現の方法には「目標型」と「展開型」の2種類があるとよくいわれます。

「目標型」は、自分の目標に向かって突き進んで夢を叶えていくパターン。

「展開型」は、目の前のことをいい気分で楽しくやっていると、いろんな出会いや出来事があり、道が開かれて願望達成していくパターン。

あなた自身は、どちらのタイプだと思いますか？

目標型の人にも、展開型の人にも、共通して大切なことがあります。

それは、周波数を高めること。そのために、今を楽しみましょう！

これだけは覚えておいてください。今がつまらない人には、奇跡は起こりにくいのです。

だから、今この瞬間を楽しく生きようとすることが大切なのです。

「でも、仕事は忙しいし人間関係はうまくいかないし、とても楽しい気持ちになんてなれない」「失敗ばかりで落ち込んでいるのに、とても無理」

そんな声も聞こえてきますが、大丈夫です。少しずつ変えていきましょう。

過去は関係ありません。「今」自分がどう生きるのかが、すべての起点になります。

願いを邪魔する心の雑草を抜いていこう

さて、ここでとても大事な予言をします。

ステップ1で願いを決め、あるいは具体的にはわからなくても「幸せになるぞ！」「すばらしい人生にするぞ！」と決めて、あなたは夢に向かって進んでいきます。

すると、その過程で必ず、「どうせ私なんて」「時間（能力・才能）がない」「やっぱり無理なんだ」「もう年だから」といった、「否定的な考え」が必ず浮かんでくるでしょう。

「たしかに、ついそう思ってしまいそう」とドキッとしたでしょうか？

そう思うのはあなただけではないので、安心してくださいね。実際のカウンセリングでも、こういった言葉はよく耳にします。

ネガティブな思いは誰しも持っているもの。だから、ステップ2の「信じて疑わない」姿勢を身につけることが重要なポイントになるのです。

カウンセリングでも、私は必ず「不安や焦りが生まれるのは自然なこと。でも、放っておかないでくださいね」とお伝えしています。

「間違った思い込み」や「古い観念」は今すぐ手放す

バイト時代、私が生き方を変えようと決めてからも、働いていると「やっぱり自分は幸せになれないかも」「がんばっても願いが叶わないかも」という思いが次々と湧いてきました。

その時に思い出したのが、心の師匠が言っていた次の言葉です。

心は、小さな畑のようなもの。願いを叶えるには「願い」という種を蒔《ま》いて、土を耕し、水や肥料をあげていくことが大切。そうしていると、芽が出て花が咲く。

でも、必ず周りに雑草が生えてくる。それは自然なことだから仕方ない。ただ、その雑草を放っておくと、せっかく蒔いた種が育たなくなってしまう。だから、雑草をきれいに抜かなければならないんだよ、と。


雑草とは何でしょうか。

その正体は、「間違った思い込み」や「古い観念」です。

たとえば、「私なんて」という思い、「あの人と違って私は」といった比較、「やっぱり無理かも」という不安……。

私たちの心には、どうしてもそんな雑草が生えてきます。これが「行動しない言い訳」や「自己否定」となって、奇跡を遠ざけてしまうのです。

特に気をつけていただきたいのが、「我慢は美徳」「忍耐が大切」「辛抱は当たり前」といった昭和時代の価値観。

昭和世代の皆さん、昔はよく、親や教師、上司などからこう言われましたよね……。

ここで、はっきりさせておきましょう。

これらは全部、単なる観念や思い込みです。

もう、令和の時代には合わないといっていいでしょう。そこに気づけば、古い思い込みを解除していけます。

否定的な思いをポジティブに換える「打ち消し言葉」

大事なのは、否定的な思いが湧いた時に、感情をすばやく切り替えること。

そこで私がお伝えしているのが、「打ち消し言葉」です。

打ち消し言葉とは、願いの実現を邪魔する思いを、ポジティブに上書きする言葉。

たとえば、次のようなものです。

「どうせ無理」とあきらめかけたら↓「私にはできる！」

「失敗しそう」と不安になったら↓「うまくいく、うまくいく！」

「私には向いてない」と弱気になったら↓「私にぴったり！」

「難しそう」と気後れしたら↓「カンタン、カンタン！」


嫌な思いが湧いてきたら、天国言葉や、これらの打ち消し言葉を唱えましょう。

「キャンセル、キャンセル」「今のはナシ！」などと言うだけでもいいですよ。

「そんな方法で効果があるのかな」と思うかもしれません。

でも、半信半疑でもいいんです！　大切なのは、雑草に気づいたらすぐに抜くこと。

そうしないと、どんどんはびこって、心という大切な畑が荒れ放題になってしまいますから。

ぜひ、否定的な思いが湧いてきたら唱えてみてください。すると、以下のように不思議なことが起こってきます。

・心が少しずつ軽くなっていく
・「できる！」という気持ちが芽生えてくる
・周りの景色が変わって見えてくる
・失敗してもあまり気にならなくなる

こんな変化が起きてくるのです。

それは雑草がなくなって、奇跡という花が咲くための芽が伸びてきた証《あかし》。

「疑い」という雑草を抜き、きれいな花を育てていきましょう。本気で変わりたいと思った時から、人生は動き始めます。

奇跡の体験談 4

悪い言葉を封印したら絶縁状態の家族が和解し念願の職業にも挑戦可能に！

【みわさん・40代女性】

masaさんと出会い、私は自分の人生を変える決意をしました。

自己肯定感をひたすら上げるように努力し、悪い言葉は極力使わないように意識して、神社参拝を習慣にするようにしたのです。

すると、あまり会話のなかった両親と、普通に話せるようになりました。

また、「家族とは一生会わない」と言い絶縁状態だった妹が、急に実家に帰省しました。

家族内にあったわだかまりが消え、関係も良好になり、私自身もドン引きするくらいの奇跡が起こったのです。

その後も、喜びと感謝でワクワクしながら過ごしていたら、予備自衛官補の年齢制限が引き上げられ、40代の私でも挑戦できるようになったのです！

私は、ずっと自衛隊に入隊したいと思っていました。しかし、調べてみると、入隊条件の年齢をはるかにオーバーしていたため、完全にあきらめていたのです。

これも、本当に奇跡としかいえません。

さらに、毎月赤字だった家計も安定し、お金を残せるようになってきました！

「もう年だから」……人生は何歳からでも変えられます

私のお客さまには、50代やシニア層の方も少なくありません。そんな年代の方たちが時折おっしゃるのが、次の言葉です。

「masaさん、私はもう60代なので、せめて10年前に教えを知りたかったです」

「子育ては終わってしまって、後悔してもしきれません。もう取り返せないんです」

こういう方には、必ずこうお伝えしています。

「年齢を重ねるにつれ、間違いなく知恵や経験が増えているんです。だから、むしろ年を重ねた方のほうが、夢は叶いやすいんですよ！」

「何歳からだって、やり直しはできるんです！」

そのことを証明してくれる素敵な実例がたくさんあります。

たとえば、93歳でチアリーダーをしている滝野文恵《たきのふみえ》さんという女性をご存知でしょうか？　背筋をピンと伸ばして、メイクもばっちり。若々しい笑顔で、キレキレのパフォーマンスを披露してくれます。

ビールを楽しんだり、「もっといい演技をしたい」とチームメンバーにダメ出ししたり……。若者顔負けのパワフルな方です。

YouTubeにこの方の動画があるので、ぜひ検索してみてください。何歳であろうと、「自分もがんばろう」ときっと思えるはずです。

著名人でいえば、プロスキーヤーの三浦雄一郎《みうらゆういちろう》さんは80代でエベレストに登頂されました。

「100歳の双子」として有名になったきんさんぎんさんは、実は認知症の症状があったのだそうです。でも、活躍の場を得たことで認知症の症状が改善したとか。

このように、人の能力は何歳になっても伸ばせると、たくさんの方が証明してくださっています。

「いい人生だった」と笑顔で言える生き方を

もう一つ、私の心に深く残っている出会いについてお話ししましょう。

以前、私が傾聴ボランティアとして老人ホームに通っていた時のこと。

事業で大成功され、裕福な暮らしをされている入居者とお会いしました。

その方が、ポツリとつぶやかれたのです。

「もう10年以上、誰も会いに来てくれない。私の人生、間違っていたのだろうか……」

その時、胸がキュッと締めつけられる思いがして、私は考えました。

たしかにお金はある。生活の心配もない。でも、本当の幸せって何なんだろう、と。

「今からでも、きっと変われますよ。スタッフの方を大切にしたり、施設の皆さんと心を通わせたり……。これから、必ず新しい絆《きずな》を紡いでいけるはずです」

その方に私からこうお伝えすると、何度も深くうなずかれていました。

ボランティアとしてお会いしたので、その後を知ることはできませんでしたが、貴重な学びをいただいた出会いでした。


人生で大切なことは何でしょう？

ビジネスで大成功すること？　有名になること？

いいえ、本当に大切なのは、自分の人生を心から誇れること。そして、最後に「いい人生だった」と笑顔で言えることだと私は思います。

そのチャンスは、いつだって誰にだってあります。


「年のせい」にしたくなったら、こう唱えてみてください。

「もう遅い」↓「今が最高のタイミング！」

「もう年だから」↓「年なんて関係ない！」


過去がどうであれ、今この瞬間から人生は変えられます。その可能性は、誰にでも平等に開かれています。「もう年だから……」という言葉は、この瞬間に、心のなかから消してしまいましょう。

奇跡の体験談 5

60歳の転職活動で不安だったがポジティブな言葉を唱えたら正社員で就職

【姫子ちゃん・60代女性】

60歳になった時、理由あって転職することになりました。

この年で、雇ってくれる会社があるのか不安で仕方がありませんでしたが、「今までのスキルを生かして、できることがある！」と気持ちを強く持ちました。

時には、弱気になることもありましたが、人生は自分の責任だと考え、「大丈夫！」「私にはできる！」など、いろいろな言霊を唱えました。

私が受けたのは3社です。1社は落ち、1社はこちらから断り、もう1社は正社員として採用！　ありがたい限りです。

しかも、日本全国いろいろな地方へ出張できる仕事。これから、新しい職場で楽しみながら働けそうです。

「どうせ私なんて」……自分を認めていたわる

カウンセリングをしていて、よく聞く言葉に「どうせ私なんて」「私なんか」というものがあります。

この言葉を聞くと、私はいつも「本当にもったいないなあ」と感じます。その方が、ご自身の力を低く見積もりすぎているからです。

特に、既婚女性の方が、「私なんて、平凡な主婦だから」「働いてるわけでもないし、いつも引け目を感じているんです」とおっしゃるのを聞くと、私は全力で否定したくなってこう言います。

「そんなにすばらしい能力を持っているのに、謙遜しないでください！」

専業主婦は、家事をこなし、育児に励み、ご主人をサポートしています。

共働きやパートの方は、そのうえ仕事までしている。本当にたくさんのことを同時にこなしていらっしゃいます。

私なりの分析ですが、今でも主だった男性は、結局、シングルタスクです。仕事だけに集中していればいいのです。

でも女性は違います。いくつものタスクを同時にこなさなければなりません。そして、それができる驚くべき能力を持っています。

さすがに今は、育児や家事にたずさわる男性が増えていますが、女性の負担が多いことに変わりはありません。皆さんのがんばりには、本当に頭が下がります。

しかし、悲しいことに、ご主人から「誰が食わせてやってると思ってるんだ」などと言われる方もいらっしゃいます。またご本人も、なぜか引け目を感じています。

だから、私はいつも「そんな時は、『誰が家のことをやってると思ってるの!?』と、胸を張って言い返してください!」とお伝えしているのです。

家庭は「チームプレー」で成り立っています。サッカーを例に考えてみましょう。フォワードだけで試合ができるでしょうか。

ゴールキーパーだけで勝てるでしょうか。

違いますよね。攻めと守り、両方があってこそ試合が成立し、攻守の連携が取れてこそチームは強くなります。

誰もが精いっぱいがんばっている！

家庭も同じです。ご主人が外で働いてお金を稼ぐのは、「攻め」かもしれません。

でも奥様は、家庭という大切な場で、ご主人が安心して働ける環境を作る「守り」を担っています。どちらが欠けても、幸せな家庭は築けません。

だから、私は断言できます。

「どうせ私なんて」などと思わなくていい、と。

毎日休むことなくマルチタスクをこなす女性のほうが、私から見たら本当にすごいんです！

もちろん、男性もすごいですよ！　ただ「自分なんて」と思っている女性が多いので、私は誤解を解きたいのです。

シングルで子育てをしている方は、一人で二役をこなしているのだから、もう超人です。

念のためにいうと、家庭を持っている方だけがすごいといいたいわけではありません。一人で一生懸命働いている方、ご病気や人生のトラブルと闘っている方、家族の介護や看護をされている方……。

皆さん、本当にどれだけ毎日がんばっていることか。

もし、「私なんて……」「どうせ私は……」という思いが出てきたら、すぐに「私はすばらしい！」と思い直してくださいね。

「私だってがんばってる」「私はすごいんだ」などでもいいですよ。自分の力を自覚できるあなたなりのパワーワードを見つけましょう。

「あの人に比べて私は」……嫉妬を感じたらお祝いを

嫉妬も、私たちのなかにある根強い雑草です。

だから、あなたも人と自分を比べて「あぁ、また嫉妬してしまった」と落ち込むことがあるかもしれません。

でも、嫉妬は決して悪い感情ではありません。

先ほどお話ししたように、**嫉妬は「自分が本当に望んでいるもの」を浮き彫《ぼ》りにし、大切な道しるべになってくれます。**

たとえば、私は本を何冊か出させていただいていますが、もしかすると「ｍａｓａさんだけ、ずるい」「うらやましい」という気持ちで見てくださっている方もいるかもしれません。

しかし、全員がそう思うわけではないですよね。

出版に興味がなければ、うらやましいとは思いません。つまり、自分も出版したいと思うからこそ、すでに本を出した人間に対して羨望《せんぼう》を感じるのです。

また、私は東大に合格した人をうらやましいとは感じません。素直に「おめでとう！」と思います。私の心には「東大に行きたい」という願いがまったくないからです。

でも、一生懸命勉強して叶わなかった方にとっては、合格者の姿が特別に映るかもしれません。それは、その方の心に強い願いがあったから。

ですから、「あの人はいいなあ」「ちょっと、ねたましいな」と思う気持ちが出たら、

「ああ、私の心はこんなことを望んでいるんだ」

「これが私の新しい目標になるかもしれないな」

そう考えてみませんか？

そして、「自分が気づかなかった願いを教えてくれてありがとう」と感謝してみませんか？

こう捉えると、嫉妬は願いを叶えるエネルギー、夢への大切な燃料になります。嫉

妬を新しい一歩の原動力にしていきましょう。

「疲れた」「忙しい」「つまらない」はチャンス!

「あぁ、今日は疲れた」

「なんでこんなに忙しいんだろう」

「なんだか毎日つまらない」

これらは、ネガティブだとわかっていながら、つい使ってしまいがちな言葉ですね。


でも、こうしたネガティブな言葉に自分が意識的になるだけで、状況は同じなのに魔法の杖を振るようにガラリと捉え方が変わります。


違いが生まれる秘密は、「自分の願いがクリアになっているかどうか」にあります。

自分の願いや目標がはっきりしている人は、疲れも忙しさも、ゴールに近づいている証なのです。


逆にいえば「疲れた」「しんどい」といった言葉をもし使ってしまったとしても、自分の願いを思い出せばよいでしょう。

「よし、がんばろう！」と、ネガティブな言葉を起点として、ガラッと前向きな気持ちに切り替えられるはずです。


高校受験や大学受験の時を思い出してください。

受験日が近づくと、不思議と「疲れた」とか、「忙しい」とか、「つまらない」と言っている暇はなかったですよね。

それは、「この大学に行きたい！」「この高校で学びたい！」という明確な目標があったからです。


資格試験だって同じです。簿記検定や医療事務検定、ファイナンシャルプランナー、税理士試験……。

どんな資格でも、「合格したい！」と目標が決まったら、「疲れた」などと言っている場合ではありません。むしろ、一歩一歩の進みが楽しみになるものです。

このように、夢や目標が明確なら、「疲れた」が「がんばっている！」という充実感に、「忙しい」が「また一歩、前進できた！」という成長の喜びに、「つまらない」が「おもしろいことを発見しよう！」というワクワク感に、自動的に変わっていくのです。

どんよりした心に希望をもたらす「魔法の言葉」

でも、目標がはっきりしていなくても、今を心から楽しめる人もいますよね。

そんな人は、「明日は、どんな素敵なことが待っているんだろう？」「次は、どんな奇跡が起きるんだろう？」と毎日を元気に過ごせています。

嫌なことがあっても、「まあ、こんなこともあるよね」と受け流したり、「また、がんばろう」と前を向いたりできます。

それは、なぜだと思いますか？

答えは、「自分への信頼」「奇跡が起きるという確信」「自分自身を認める気持ち」を大切にしているから。

だから、もし願いが今一つ明確でなかったとしても、この姿勢さえあれば問題ありません。

……はい、私にはあなたの心の声が聞こえてきます。

「ｍａｓａさん、そう思えないから苦労しているんだよ！」

大丈夫です。そんな時こそ、心の雑草を抜く言葉を使いましょう。

言葉には言霊という魔法の力が宿っているので、最初は、心から信じられなくていいんです。何度も繰り返すうちに、必ず魔法が発動します。

「疲れた」「忙しい」「つまらない」には、以下のような素敵な言葉を使ってくださいね。

「疲れた」と感じたら、「今日も一歩、夢に近づいた！」「がんばった自分はすごい！」。

「忙しい」と思ったら、「たくさんのチャンスに恵まれている！」「能力を生かして周りに貢献できている！」。

「つまらない」と感じたら、「きっと新しい発見が待ってる！」「心の充電をするタイ

ミングだ！」「自分を見つめ直すいい機会だ！」「次のお楽しみが用意されてる！」。

このようなポジティブな言葉は、どんよりと曇っていた心に希望を生み出します。その希望でくすんでいた毎日に光が差し始めます。すると、意識が変わり、行動が変わっていき、奇跡が起こるのです。

「成功体験」を発掘し「失敗体験」を手放そう

心の雑草の抜き方を学び、奇跡が起こりやすくなる土壌を整えてきました。

では、そもそも雑草を生えさせ、奇跡が起きるのを邪魔している原因は何でしょうか？　多くの方とお話しするなかで、私はその最大の原因に気づきました。

それは、「過去の経験から生まれた間違った思い込み」です。

「学歴がないから、私には無理です」

「失敗続きの人生だったから、これからも同じです」

「環境に恵まれていなかったから、仕方ないんです」

カウンセリングでは、こんな言葉がよく出てくるのですが、これらはすべて「大きな勘違い」です。

では、どうすればその勘違いを正せるでしょうか。

まず、「今の自分」を認めましょう。今のあなたは、必要な経験を重ねてここにいます。それがどんな経験であれ、その一つひとつが、かけがえのない「宝物」なんです。

「そう言われてもなあ」と首を傾《かし》げているあなたに、ぜひ試していただきたいことがあります。

ノートに、今までの「成功体験」を書き出してみませんか？

「成功」というと大げさですが、小さなことでいいんです。

小学生の時にがんばったこと、中学生で取り組んだこと。高校時代の思い出、社会人になってからの経験。

人からほめられたり評価されたりしたことでも、もちろんいいですし、必ずしもそうでなくても構いません。

たとえば、自分なりに「結構がんばってきたな」「あの時は、よく乗り越えたな」と思えること。「あの経験があったから今があるな」と思えること。

振り返ってみると、きっとたくさんの宝物が見つかるはずです。

そして、書いているうちに、「こんなにたくさんの成功体験があったんだ」と気づくはずです。

そう、あなたのなかには、貴重な経験やすばらしい力が眠っています。それらの経験や力は、あなたに気づいてもらえるのを「今か、今か」と待っているのです。

自分の思い込みを書き出そう

ところが、せっかくの成功体験や能力を見えなくさせているものがあります。それこそが、「間違った思い込み」なのです。

たとえば、小さい頃に「あなたはダメな子ね」と言われ続けた。失敗して「自分は能力がないのだ」と思い込んだ。誰かから傷つけられたり、心ない言葉をかけられたりした……。

そんな経験を重ねて、私たちは自分なりの思い込みを作ってしまいます。それが成功体験を埋もれさせているだけでなく、心のブレーキとなって願いを叶えるのをはばんでいるのです。このからくりにぜひ気づいてください。

以前カウンセリングで、「人が怖くて友達ができない」とおっしゃる女性がいました。

話を聞いてみると、母親から「人は平気でウソをつく」「他人を信じてはいけない」と言われて育ったとのこと。それで、他人に対する警戒心が強くなり、心を開けないというのです。

でも、それは単なる思い込みに過ぎません。世のなかにはすばらしい信頼関係を築いている人たちがたくさんいます。私は女性に、そうお話ししました。

彼女の気持ちは少しずつほぐれ、職場でも同僚たちと仲良くなり、新しい趣味もスタート。その仲間と食事に行く関係になったそうです。

このように、長年持ち続けた思い込みでも、それに気づくだけで自然と解決していくものなのです。

あなたもぜひ、自分の思い込みを見つけてみましょう。

成功体験を書いて人生を振り返ってみると、そこに何らかの思い込みが見え隠れしているはずです。

時間をとって、自分がどんな思い込みを持っているか、書き出してみてください。

そして、もしあなたの心に「私には無理」「私にはできない」といった思い込みがあったとしたら、それらが本当に正しいのか考えてみましょう。

奇跡は、過去の思い込みを手放した時に始まります。

アクセルを踏みながらブレーキも踏んでいては前に進めません。ブレーキは外して、本来のあなたらしい快適なスピードで進んでいきましょう。

自分を認めていたわると変化が始まる

私は、カウンセリングで次の言葉をよくお伝えします。

「『私は今まで、よくがんばってきた』と、言ってみてもらえますか？」

不思議なことに、この言葉を口にするだけで涙があふれ出す方がたくさんいらっしゃいます。それだけ、がんばってこられたという証です。

そういう方とお会いするたびに、もっと自分で自分を認め、いたわっていただきたいと心から思います。それで、私はこんな素敵な方法をお伝えしています。

毎晩、お風呂で、または寝る前に、自分自身をギュッとハグして、「今日も、よくがんばったね」「今まで、本当によくがんばってきたね」と、優しく語りかけてみてください。

もしかすると、今すぐ自分に自信を持つのは難しいかもしれません。また、「自分はダメだ」といった間違った思い込みが消えるには、少し時間がかかるかもしれません。

でも、今日の自分を、ほんの少しだけ認めてあげる。

自分の小さながんばりに、優しく気づいてあげる。

それだけで、不思議な変化が始まります。

自分を嫌いだった気持ちが、自分を愛せる気持ちに変わり始め、小さな自信が生まれていく。そんな奇跡が、きっと起こるはずです。

奇跡の体験談 6

男性恐怖症に悩んでいた私でも自分をいたわったら素敵な男性と結婚できた

【チコさん・30代女性】

私の人生最大の奇跡は、今の旦那さんと出会えたことです。

実は、私は小学生から20代後半まで何度も性被害に遭い、重度の男性恐怖症でした。男性と目が合うと動悸や吐き気がして、近くに座られれば大量の冷や汗やめまいが出てくるようになりました。

それでも、普通に恋愛や結婚がしたいと、必死に自分を励まして趣味の場で出会いを求めたり、婚活したり……。

でも、うまくいかなくて泣いていた頃、あるセミナーで同じグループにいた女性が「男性って優しいよ。見て！　ここにいる人に怖い人いる？」と言ってくれたのです。

グループにいた男性2人は穏やかで優しい方だったので、そう言われて、ハッとしました。

さらに「チコちゃんはがんばりすぎだよ。もっと肩の力を抜いて」「チコちゃんはそのままで大丈夫。ただ手を出して待っててごらん。勝手にそれをつかんでくれる人が現れるから」と励ましてもらえました。

そこから私は、毎日、「私は愛されるために生まれてきた」「男性は私に優しい」「がんばらなくても最高の彼氏がやってくる」と思い続けました。無理な婚活もやめ、ただ趣味の時間をめいっぱい楽しんでいました。

すると、趣味の仲間が連れてきた男性が、仏様かと思うくらい優しい人で、ずっと知っていたかのような居心地のよさと安心感があったのです。

3ヵ月後に彼から告白され、初めて恋人ができました。そこからはトントン拍子で結婚。

出会って4年経ちますが、今もどんどん好きになる毎日です。あんなに男性が怖かったのが、ウソのように思います。

つきあって間もない頃は、過去がフラッシュバックしてパニックになったり、夜中に大泣きしながら目覚めたりして、彼には散々迷惑をかけました。

でもそのたびに、「大丈夫」「怖かったね」「チコには俺がついてるよ」と慰めてもらい、今ではそんなことが完全になくなりました。男性の友達もでき、飲み会にも参加できています。

「私には結婚なんて不可能なこと。このまま一人でがんばって生きていくのだ」と思っていた頃の私からは考えられないような奇跡の出会いでした。

第3章

潜在意識に刷り込む「感謝ノート」

すべてのことは「なんとかなる」！

いよいよ、ステップ3「ワクワクして行動する」に進んでいきましょう！

私がお勧めするのは、第1章でお伝えした幸せの3原則「天国言葉」「感謝」「人の幸せを願う」の実践です。

これだけで周波数が上がり、奇跡を起こすサイクルが回り始めます。

「3つも大変だな」と思うなら、一つだけ、1日10分だけでもOK。スタートすること、そして続けることが肝心です。

なかでも、まず取り組んでいただきたいのが天国言葉を唱えること。

天国言葉と出会って20年近く、私は毎日唱え続けて今に至ります。

なぜそんなに続いたのか。いうまでもありません。確実に人生がいいほうへ変わることを実感できるからです。そして何より、毎日が楽しく、幸せになるからです！

今、私が基本だと考えてお客さまやメルマガ読者さまにお伝えしているのは次の4

つです。

「ありがとう」
「ついてる」
「なんとかなる」
「大丈夫」

これらは短くて覚えやすく、どんな時にも使えるオールマイティな言葉です。

4つすべて唱えてもいいのですが、その日の気持ちに合った言葉を選ぶのが、一番いいでしょう。

その日の気分に合った言葉をセレクトしよう

たとえば「うまくいってない」と感じているのに、「ついてる」と言うのは苦しいですよね。そんな時は、「なんとかなる」「大丈夫」のほうが心に響きますし、周波数も上がります。

ですからカウンセリングでは、お医者さんが処方箋を出すように、その方の状況や希望に合った言霊をお勧めしています。

また時には、次のような言葉を「処方」する時も。あなたの気分や状況に合わせて使ってみてください。

・神様という言葉に親しみのある方は、「神様の奇跡が起こる」
・前向きになりたい時は、「だんだんよくなる未来は明るい」
・がんばりすぎていてリラックスしたい時は、「フワフワ」
・気持ちが下がっている時は「すべてがうまくいく」
・毎日の変化を感じたい時は「あらゆる面でどんどんよくなっている」

このほかに、自分でオリジナルな言葉を作ってみるのもいいでしょう。気持ちが上がる言葉であれば、どんな言葉でもいいのです。

たとえば、好きな俳優さんや声優さん、アイドルの名前でもＯＫ。「推し」の名前を口にするだけで、気分が上がりますよね。

大切なのは「気分がよくなること」。毎日、「今日はどんな言葉を唱えようかな」と自分の気持ちを感じて、しっくりくる言葉を選ぶのも楽しいですよ。

余裕がない時や面倒くさいと感じる時は、「ありがとう」をお勧めします。これが一番周波数が高いですから。

いい言霊に触れ続ける

コンビニのバイト時代、私は次のように天国言葉を唱えました。

・朝起きたら、まずは「ついてる」を１０００回唱える
・アルバイトへの往復の自転車で、ひたすら天国言葉を唱える
・コンビニのレジでお客さまに「ありがとうございました」と目を見て大きな声で伝える

その結果、どんな変化が起きたかは、第1章でお話しした通りです。

言霊の話をすると、「心のなかで唱えるだけではダメですか？」とよく聞かれます。基本的なことをいえば、言霊は「音」にすることで、その周波数が広がります。ですから、声に出すのがベストです。

しかし、口に出して唱えなくても効果は表れます。オーリングテスト（親指と人差指で輪っかを作り、その指を他者から引っ張ってもらって行うテスト）では、「ついてる」と言うと指に力が入り、「疲れた」と言うと力が抜けるのですが、実際に唱えても、心のなかで唱えても、結果は同じでした。ただし声に出すほうが、より一段ギアが入る感覚があります。

ですから、状況に合わせて選んでいただけばよいでしょう。

唱えること自体が億劫という方は、私のYouTubeチャンネルで配信している言霊のアファメーション音声を聴いていただくという選択もあります。

脳は、常に触れているものを「正しい情報」だと認識します。ですから、できるだけいい言霊に触れることがポイントなのです。

当然ですが、悪口や不満、不安、怒り、自己否定などの言葉に囲まれていたら、周波数は下がっていきます。やり方にこだわることなく、なるべく周波数の高い言葉に触れていくことを意識していきましょう。

奇跡の体験談 7

出会うイメージを強く持っていたら夫の赴任先の韓国でヨン様が目の前に！

【みほさん・40代女性】

韓国ドラマ『冬のソナタ』が大流行していた頃のことです。結婚と同時に、夫の仕事関係で韓国に住むことになりました。

送迎会で私は、みんながうらやむなか、まるで宣言するかのように「『冬のソナタ』のヨン様（ペ・ヨンジュン）に会ってきます！」と言いました。

でも渡韓してみると、夫の赴任地は、ソウルから遠い田舎町。ヨン様に会えるわけなんてなかったのです。

それでも私は、ヨン様に実際に出会うイメージを強く持っていました。

すると、その後びっくりするような奇跡が起こりました。

夫と韓国を旅行中、ドラマのロケに遭遇しました。

撮影現場にはＳＰがたくさんいて、誰がいるのか見えなかったのですが、しばらくして休憩のために出てきた俳優さんがいました。それが、なんとヨン様だったのです！日本での宣言が叶った瞬間でした。憧れのヨン様に会えたのは、今でも私の自慢です。

奇跡の体験談 8

自己否定の強い私が天国言葉を唱えたらポジティブになって結婚、出産へ！

【まさペンさん・30代女性】

私は子どもの頃から自己否定をする傾向が強く、「どうせ無理」「自分なんて」というひどい言葉を、まるでナイフのように自分に向け続けてきました。

4年前には仕事に行き詰まり、コロナ禍も重なってうつ状態になりました。10年以上も恋愛から遠ざかっており、助けてくれるパートナーもいません。未来に絶望しか持てない日々を送っていました。

そんな時、YouTubeで偶然、天国言葉と出会いました。スピリチュアルな話や引き寄せの法則には懐疑的だった私ですが、なぜか素直に実践してみようと思えたのです。毎日、呪文のように天国言葉を唱え続け、自分や周囲の人々、そして物事に対して愛と感謝の言葉を使うようにと意識改革を進めました。

長年の生きづらさは簡単には変えられませんでしたが、現状を打破したい一心で必死に取り組んだのです。

すると、3ヵ月ほどでネガティブな感情が晴れ、前向きな気持ちが芽生え始めました。言葉を変えただけなのに、まるで魔法のような効果でした。

気持ちが変わると脳内がスッキリして、自然に未来へ明るい思考が広がっていきます。私はスケッチブックを買って、思いつくままに夢や願望を書いてみました。

理想の家族の写真を貼ったり、望む出会いやデートを細かく描写したり……。そのうち楽しくなって、理想の恋人や環境をどんどん書いていきました。

その時に書いた私の夢は、「自分の存在を丸ごと認めて愛すること」「信頼できるパートナーと温かい家庭を築くこと」、そして「母になること」。

平凡ですが、複雑な家庭環境で育った私にとってこれ以上ない願いでした。

そんな夢を書き始めて1ヵ月ほどした頃、天啓のように突然、「婚活しよう」とひらめいたのです。

すぐに行動に移し、結婚相談所に登録して20人ほどとお見合いを重ねました。夢を思い描くことで、思いもよらない行動力が発動したのです。

婚活スタート2ヵ月後に、運命的な出会いが訪れました。なんと、私と同じ年、同じ月に生まれ、しかも近所に住んでいる男性と出会ったのです。

わずか3ヵ月でプロポーズを受け、5ヵ月後に入籍。そして、すぐに妊娠です。

すべては、天国言葉を唱え始めてからわずか1年の出来事でした。

現在は、2歳になった息子と夫と幸せな日々を送りながら、第二子の出産を控えています。

言霊の力は、まさにドミノ倒しのように幸せを引き寄せてくれました。

言葉を変えることで自分自身を肯定でき、生まれて初めて自分から幸せをつかむ勇気を得られたのです。

まず「100日チャレンジ」をしてみよう

たくさんの方から「どうしたら人生が変わりますか？」という質問をいただきますが、私がまずお勧めしているのは、とてもシンプルな方法です。

それは、「1日1000回×100日」いい言葉を唱えるだけ。これだけなんです！

「えっ、そんな簡単なことで!?」と、思われるかもしれません。

でも、これが本当にすばらしい効果を生むのです。

実際に体験した私がいうのですから間違いありません。私のほかにも、本当に多くの方が、この「100日チャレンジ」で奇跡を起こしています。

心の師匠が教えてくれたたとえ話があります。

コップに黒い水が入っていると思ってください。今は真っ黒でも、毎日きれいな水をポタポタと少しずつたらしていったら……3ヵ月後には、透明な水に変わっているんです。

これって、すごく希望が持てる話ですよね。

「私はもう何十年もネガティブに生きてきたから、無理かも」と思うかもしれません。

でも、師匠はこう言っています。

「何歳であっても、100日あれば必ず変われるよ」

たとえば、30年間ずっとネガティブに生きてきた方。

50年も60年も、自分を否定し続けてきた方。

70年、80年の長い人生のなかで、いつも不安を感じてきた方。

皆さんが、その分の年月をかけないと変われないなんて、あまりにもつらすぎますよね。50歳を過ぎてから「はい、また50年かけて変わりましょう」なんて、そんなの現実的ではありません。

でも、たった100日。3ヵ月ちょっとで、人生は必ず変えられるのです。

ゲーム感覚で楽しく続ける

私はこの話を知って、未来に光が差した気がしました。

でも人生のどん底にいたので、「こんなにつらい状況が、たった１００日で変わる!?」と信じ切れない思いもありました。

でも、どうにかしたい。そう思って、「母の病気が治りますように」と願をかけて、一生懸命取り組んだのです。

その結果、92日後に奇跡が起きました。

このチャレンジをしようと決めて、本当によかったと思います。

実際に変化を体験できた今だからこそ、断言できます。

あなたの人生も、きっと変わります。奇跡が起こせます。何十年分のネガティブな思考を、たった１００日で変えられます！


私の場合は神社が近かったので、「願」をかけました。

「神様、今日から100日チャレンジをやります。1日に1000回、天国言葉を唱えるので、どうか母親が元気になるようお願いします」と、お願いしたのです。

しかし、神社参拝や具体的な願かけはマストではありません。

「今の自分がもっとよくなりますように」「願いを叶える糸口が見つかりますように」といった気持ちで始めても、すばらしい変化が感じられ、100日過ぎた時には、いろいろな奇跡を体験できるでしょう。

最初の100日チャレンジでありえない奇跡が起こってからというもの、私は新しい挑戦をする時には、必ず願をかけてスタートしています。

ブログ記事をスタートした時も1日1記事、100日間、毎日投稿。

YouTube動画をスタートした時も1日1動画、100日間、毎日投稿。

インスタグラムをスタートした時も1日1投稿、100日間、毎日投稿……。

すべてをそうやってスタートさせると、必ず「バズる」という展開になって、たくさんの方に私を認知してもらえるという奇跡が起きています。

100日チャレンジの方法とコツを次にまとめます。ぜひ参考にしてトライしてみてくださいね。

・厳密には100日続けるのがルールです。もし、忙しかったり忘れたりして1日できなかったとしたら、ゴールを1日延ばしてください。
・「スタート日」と「100日後」をスケジュール帳や手帳に記録し、振り返りに役立てましょう。
・「やらなきゃ！」という義務感ではなく、ゲーム感覚で楽しみましょう。「奇跡が起きたらうれしいなあ」「どんなことが起こるかな」と想像しながら取り組むと周波数が上がり、結果が出やすくなります。
・10〜15分あれば、天国言葉を1000回唱えられます。「唱える時間を決める」「朝300回、昼300回、お風呂で100回、寝る前に300回と、1日数回に分ける」などの工夫で習慣化しやすくなります。

奇跡の体験談 9

「ついてる」と唱えたら母から高額の生前贈与を受けて親子仲も良好に！

【ヨウコさん・50代女性】

以前の私は自分に自信が持てず、常に心にぽっかり穴が空いたような感じでした。

そんな自分を変えたくて、ある日、「ついてる」を1日1000回、3ヵ月間言ってみようと決めたのです。

途中で何度かくじけそうになりましたが、このチャレンジが終わりに近づいた頃に、私にも奇跡が起こりました！

認知症の症状が現れ始めた母が、急にしっかりして「あなたの助けになるなら」と自ら銀行に連絡し、生前贈与の手続きをしてくれたのです。

贈与の額は、自分でも思ってもみなかったほど高額でした。

それまでの私は、ものすごく働くか、宝くじで当せんしないと大金は手に入らないと思っていたので、本当に驚きました。

そこから、母への思いが変わったのです。以前は、人に気遣ってばかりできちんとしていないと気がすまない母の性格が嫌いで、距離を置いていていました。しかし、父を早く亡くして母も苦労したのだと、少しずつ理解できるようになったのです。

今も、「大丈夫、なんとかなる」「私はお金持ちになっていい」「私はもっと幸せになっていい」と唱えたり、運転中にほかの車を優先したり募金箱に募金したりと、できることを楽しく実践しています。

お金のこともそうですが、長い間、嫌いで仕方なかった母への思いがこんなに変わったことは、私にとって大きな奇跡です。

奇跡の体験談 10

言霊の力を信じたら19kgやせて禁煙に成功し100万円の貯金もできた

【Kaomoさん・40代女性】


今から3年ほど前、私は最悪な体験をしました。

大好きだった父が亡くなって立ち直れないなか、長年付き合っていた人に振られました。親切にしてくれていた人には裏切られ、仕事では、やることすべて裏目に出て理不尽な仕打ちを受けたのです。

また、その頃は原因不明の体調不良に悩み、吐き気と腹痛を繰り返していました。

そんなことが1年を通して続き、「死んだら楽になれるかな」とまで考えるようになったのです。

そんな時、仕事で部署の異動が決まりました。

それをきっかけに気持ちが少し前向きになり、「『ついてる』を1日1000回唱えてみよう」と思い、まずは100日続けようと、毎朝、唱え始めました。

同時に、「体調がよくなるように腸活してみようかな」とひらめき、ネットや本で調べながら腸活を開始。わずか半年で19kgやせられました！

40代になってから、何をやってもやせられなかったのに、自分でもびっくりです。「人は変われる」と実感しました。

次に、亡き父の誕生日、ふと「タバコをやめてみようかな」と思い、初めての禁煙を開始しました。

若い時から1日でも、禁煙できた日はありません。そんな私ですが、厳しいと感じたのは初日だけで、自然にタバコをやめることができました。

これらに気をよくし、「貯金しようかな。1年で100万円貯めよう」と思い立って次に貯金をスタートさせました。

そして、その年の12月末には、本当に100万円貯められたのです！

私は食べることが大好きで、禁煙しようと思ったこともなく、貯金よりも買い物が好きでした。ダイエット、禁煙、貯金。すべて「無理だろう」と思っていたことです。

言霊の力を信じていなかった私が、ふと「100日続けてみようかな」とひらめき、それが次のひらめきと行動につながり、成果が出せた。すべてが不思議の連続でした。

これは全部1年で起きた出来事です。この年は、私にとって「奇跡の1年」になりました。

この1年があったから、40代でも人は変われると思えたし、言霊には奇跡を起こす力があると信じることができたのです。

感謝は「奇跡の先取り」になる

幸せの3原則の2番目、「感謝」について見ていきましょう。

これまでの経験から、感謝の周波数は願望を叶える周波数と同じだと、私は心から実感しています。

感謝は、まるで奇跡を先取りするようなものです。

つまり、感謝することで願いが叶いやすくなる。奇跡が起こりやすくなるのです。

そして、いつも周囲に感謝していると、本当に感謝できることが起きてくるのです。

特に寝る前の感謝は、奇跡を引き寄せる大きな力を持っています。

というのも、寝る直前は脳波がアルファ波になり、潜在意識に思いが入りやすい時間帯なのです。

たとえば、寝る前にホラー小説を読んで、悪夢を見たという話を聞いたことはありませんか？　それは、寝る前の情報が潜在意識に強く影響するからです。

眠っている間、潜在意識はずっと動き続けています。

だから、その一日がどんなに最悪な日だったとしても、寝る前の10分、15分をいい気分で過ごせれば、そのいい気分が睡眠中ずっと続くことになるのです。

「感謝ノート」は寝る前に付ける

そこで、私がお勧めするのが「感謝ノート」です。

どんなノートでもいいので、毎晩寝る前に、「感謝できること」を10個書き出していきます。「夜に書くのは難しい」「寝る前は疲れちゃって……」という場合は朝でも大丈夫ですが、潜在意識をより活用したいなら、やはり夜が効果的です。

また、感謝を10個書き出すのが理想ですが、３個思い出すだけでも充分です。

「今日もできなかった」と自分を責めるのではなく、できることから楽しく続けていただきたいと思います。

どうしても難しい時は、たった１個でも構いません。でも、できれば３個、理想は10個を目指していきましょう。

不思議なもので、感謝する習慣がつくと、毎日10個くらいスルスルッと出てきます。そして、「ありがたいなあ」と幸せな気分で眠れるようになります。

嫌なことがあったり、なんとなく不調だったりした日ほど、寝る前の感謝で気分がリセットでき、翌朝気分よく目覚められます。

ぜひ習慣化していただけるとうれしく思います。


感謝について、ちょっとおもしろいエピソードがあるのでお話ししますね。

私が、『1日3分 願いが叶う超感謝ノート』（フォレスト出版）という本を出版した時のこと。韓国に住んでいる日本人女性のお客さまがこんなエピソードを教えてくださいました。

韓国には徴兵制度がありますよね。その方の息子さんも軍隊に行っていたそうですが、兵役から帰った息子さんが私の本を見て、「軍隊でも毎晩、その日よかったことを3個書かされていたよ」と教えてくれたとのこと。

私は10個書き出すことを勧めているので、「ｍａｓａさんって、軍隊より厳しいんですね（笑）」と言われて苦笑したのでした。

でも、その方は感謝ノートを実践され、「息子や家族が毎日元気でいてくれることを、心からありがたいと思えるようになりました」と喜んでくださいました。

感謝は奇跡への大事なステップ。さっそく今日の夜から始めてみませんか？　寝る前のほんの少しの時間、今日あった「ありがとう」を思い出してみる。それだけで、あなたの人生は確実に変わっていきますから。

感謝できない時に思い出してほしいこと

そうはいっても、生きていると「今日は感謝なんてできない！」という日もありますよね。嫌なことばかり重なって、ネガティブな気持ちでいっぱいになってしまう。そんな時に思い出していただきたいことがあります。

まず、衣食住が満たされているということ。

これは、本当に大きな奇跡です。

雨露をしのげる家がある、おいしいご飯が食べられる、手頃な値段で気に入った服が買える……。それがどんなにありがたいことか。

平和で豊かな日本では当たり前すぎて、実感しにくいもしれませんが、世界を見渡してみてください。

たとえば、もし今、戦争や紛争が起きている地域にいて、爆弾が降ってくるかもしれない状況だったとしたら。充分な食べものが手に入らない環境にいるとしたら……。

悩みはいろいろあるかもしれませんが、ただ生きていけるだけでも、本当にありがたいことなんです。それだけでも、大きな感謝の種なんです。

トラブルは人生がよくなるサイン

しかし、そういっている私自身も、最初は心から感謝なんてできませんでした。

20代の頃は、一般的な仕事のルートから外れてしまった自分の状況がうらめしくて、「なんでこんなことが起こったんだ!?」と考えてばかりでした。

でも、感謝しながら学びを重ねるうちに、考え方が次第に変わっていきました。「神様はどういう意図で、この状況を与えてくださったのかな」「なぜ、この出来事が起きたんだろう」という視点で考えられるようになってきたのです。

実は私、高校も大学も就職も、一度も第1志望に行けたことがありません。

しかし高校受験に失敗したおかげで、高校2年生の時に人生を変えてくれた恩師に出会えました。

第1志望の大学に行けなかったおかげで、入学した大学の知り合いを通じて最愛の奥さんに出会えました。

就職も思い通りにいかず、母も病気になり、正社員の仕事も辞めざるを得ませんでしたが、そのおかげで、私は心理カウンセラーになることができたのです。

本当に「災い転じて福となす」です。

もちろん、現在進行形でトラブルを抱えている方は、すぐにはこんなふうに思えないかもしれません。

私も、心の師匠に出会う前に「悪いことが、いつかいいことにつながる」と言われても、素直に受け止められなかったでしょう。

でも、悪い状況は必ず終わります。いつまでも続くことはありません。

むしろ、**トラブルは「これから人生がよくなるよ」というサインなんです。**

だから、最初は少しずつで構いません。

人生に、「感謝」という新しい習慣を取り入れてみてください。きっと、そこから突破口が開けるはずですから。

奇跡の体験談 11

母が「感謝ノート」を書き始めたら引きこもりの娘が変わって大学に合格！

【みわこさん・40代女性】

2年前、高校生の娘がうつ症状になり、部屋に引きこもるようになりました。食事や飲み物は、私が部屋に運びます。一日一食を摂ったらいいほうで、摂らない日もあり、親としては心配でたまりません。

娘が引きこもりになったのは私にも責任があったのではないかと自分を責め、眠れない日が続きました。

悩んだ末に占いに行き、その先生について私自身も占いを学ぶようになりました。また同じ頃、ｍａｓａさんの勧める「感謝ノート」を知り、毎日10個以上、感謝の言葉を書き始めました。

3ヵ月ほどたったある日、いつもは優しい占いの先生から、「娘の部屋に食事を持っていくのは過保護すぎる。それでは悪循環だ」と厳しい指摘を受けました。

その時、「そうか！　食べてほしいという思いでしている行動が逆効果だったんだ」と初めて気づき、衝撃を受けました。

その日に、「今日から、もう部屋に食事を持っていかないから、おなかが空いたら食べに来て！」と娘に伝えました。

すると娘は、午前0時頃に部屋から出てきて、キッチンでご飯を食べ始めたのです！

私は思わずうれし泣きしました。

気がつくと、その日は感謝のノートを書き始めて111日目でした。

その後、次第に部屋から出てくる時間が早くなり、10日後には一緒に食事ができました。娘がリビングで過ごす時間も徐々に増え、笑顔で会話もできるようになっていったのです。

受験生だった娘は、通信制高校の単位試験を受けて必要な単位を取得し、なんと大学受験もしました。そして、私立大学に合格したのです！

数ヵ月の出来事でしたが、娘が大学に行きたいと望み、がんばれたのはほんとにすごいことだと思います。

私自身は、同じような悩みを持つ人たちに寄り添える占い師になると決め、感謝しながら毎日楽しく学んでいます。

人の幸せを願うことの意外な効果とは

感謝と同じくらいに人生を変えるきっかけとなるのが、人の幸せを願うこと。

そして、人に親切にし、笑顔で心を込めてあいさつすることです。特に、人の幸せを願う行為は、心のなかだけで今すぐ始められ、大きな変化をもたらします。


コンビニのレジでお客さまの幸せをひたすら願っていた私ですが、実はそのほかにも、日常的にたくさんの人の幸せを心のなかで願っていました。

たとえば、道ですれ違う人、同じ車両の乗客、スーパーで買い物している人、観ているテレビ番組の出演者……。身近な人はもちろん、自分が目にする人たち全員の幸せを一生懸命願ったのです。

心の師匠が、これを習慣にしていたら「唱えているあなた自身が、どんどん幸せになっていくんだよ」と言っていたからです。

やがて人の幸せを願うのが当たり前になり、それと同時に、嫌なお客さまがまったくいなくなりました。

「あれ!? 最近、理不尽な態度や横柄な物言いをするお客さまが全然いない」と気づいた時は、自分でもびっくりしました。

それだけでなく、私自身の心も穏やかになっていて、さらに驚きました。

嫌いな人の幸せを願えば幸せが返ってくる

当時は深い意味もわからず、ただ師匠の言う通りに人の幸せを願っていた私です。

でも、それからしばらくして潜在意識の存在に興味を持ち、学び始めました。そのなかであることを知り、私はとても衝撃を受けました。

それは、「潜在意識には主語がない」「潜在意識は他人と自分を区別しない」ということです。

「人を呪《のろ》わば穴二つ」ということわざがあります。

このことわざは、人に害を加えようとする者は、その報いが自分にも及ぶという意味。まさに「潜在意識には主語がない」の代表的なことわざです。

これを知った時、「人の幸せを願っていれば、あなた自身が幸せになっていくんだよ」という言葉の意味がストンと腹に落ちたのでした。

でも実際には、職場で上司が八つ当たりしてきたり、家族や友人とギクシャクしたり、人間関係にイライラやモヤモヤはつきもの。そんな時に、人の幸せを願うのは難しいですよね。

そんな時は、「形」から入れば大丈夫です！

人の幸せを願えば自分も幸せになれるのだったら、形だけでも「どうぞ、この人が幸せでありますように」と願うほうが断然いいですよね。

たとえば嫌な上司でも、感謝して幸せを願っているうちに、「最初に仕事を教えてくれたのはこの人だったな」「たまに優しい言葉をかけてくれたこともあったな」と、本当に感謝できることを思い出すことがよくあります。

だから、初めは無理やりでもいいので、相手の幸せを願うようにしてみてくださいね。結局は、それが自分に返ってきますから。

ちなみに今、私はカウンセリングで、自己否定が強く「自分に自信が持てない」とおっしゃる方と毎日のようにお話をしています。

そういう方に、「そんなことないですよ。あなたはすばらしいんです！」と伝えても、「いえいえ、ｍａｓａさん、私はすばらしくなんかないんです」と即座に否定されてしまいます。

その場合、私はどうすると思いますか？

「人の幸せを願うこと」を課題にさせてもらうんです。

「家族はもちろん、すれ違う人やテレビに出演している人、とにかくあなたが目にする人の幸せを願う言葉を心のなかで唱えてくださいね」と。

自己否定の強い方は、自分の幸せを願うのが苦手なのですが、そんな方でも、人の幸せを願うことはなんとかやってもらえます。

すると、「潜在意識には主語がない」ので、「他人の幸せを願う＝自分の幸せを願う」ことにつながります。つまり、ひたすら人の幸せを願っていると、自分が幸せになっていく。そして自然に人生が好転し、自信につながっていくのです。

「自信がない」「自己肯定感が低い」と感じる人には、特にお勧めの方法です。

「ただ思うだけでそんな力があるのかな」と、ちょっと疑問かもしれませんね。

でも、私たちの「思い」や潜在意識が持つ力はすごいのです。

潜在意識はイメージと現実を区別しません。「今からレモンを口のなかに入れますよ」と言われたと想像するだけで、そこにレモンがなくても、勝手に唾液が出てきますよね。

そうやって体に影響を与えられるほど、人間の意識は大きい力を持っているのです。

奇跡の体験談 12

やっかいな人の幸せを願ったら関係が解消されて不動産トラブルも解決

【KUNIちゃん・50代女性】

今から4年前、夫がある人物と仲よくなりました。500万円のローンを組んで、その人から土地を購入したため、私たち夫婦はローンに追われる生活が始まりました。それだけでなく、その人は昼夜かまわず夫を呼び出し、自分の仕事を手伝わせたり、食事に誘ったりして振り回すのです。

私たちは疲れ切り、ほとほと困ってしまいました。

弁護士に相談し、安値ながら土地が売れる寸前までいきましたが、その人が不動産会社に嫌がらせして取引は中止です。

途方にくれるなかで、言霊の力や感謝の大切さを学びました。

私は、自分たちをさんざん困らせたそのやっかいな人の幸せを願い、感謝ノートもつけ始めたのです。

その後、別の弁護士を見つけて相談し、裁判を経て、ようやくその人との関係を断つことができました。それから弁護士が紹介してくれた不動産会社で、買値と同じ値段で土地を売ることができたのです。

あの時、感謝や言霊について学ばなかったら今頃どうなっていたかわかりません。

今では、以前の穏やかさを取り戻し、夫婦で平和に過ごせています。

親切は人も自分も幸せにしてくれる

さて、「人の幸せを願う」のは心のなかですぐできますが、「人に親切にする」のは少しハードルが上がりますね。「少し恥ずかしいな」「偽善っぽく思われるかも」と気後れする方もいらっしゃるかもしれません。

そんな場合は、人に声をかけたり実際に手助けしたりせずにできる、ちょっとした親切から始めましょう。

たとえば、「ドアを少しだけ長く開けて、後ろの人を待ってあげる」「さりげなくゴミを拾ってクズ籠に捨てる」「お店や公共施設で落とし物に気づいたら、係の人に届ける」……。これなら、気負わずできると思いませんか？

それに慣れてきたら、人に対して思いやりある言葉をかけたり、感謝を伝えたり、優しく会釈したり、できそうなことから実践していくといいでしょう。

人に親切にできる機会は、どこにでもあります。家のなかでも、職場でも、乗り物でも、スーパーでも。

不思議なことに、「親切にしよう」という意識を持っているだけで、チャンスは向こうからやってきます。たとえば、駅で体調の悪そうな人に出会ったり、観光客が道に迷っているのを見かけたり、道を尋ねられたりする機会が増えるのです。

仏頂面で怖そうな人よりも、話しかけやすい雰囲気になっているのかもしれません。

その時に、ちょっと気後れしたりあわてたりしたとしても、相手に優しく接しましょう。

そうすると、あなたの周波数が上がり、奇跡が起こりやすくなります。何より、人に親切にするって気持ちいいですよね！

ちなみに、「親切」の対象は人だけとは限りません。

私は本が大好きなので、本屋さんでは、平積みの本がバラバラになっていたり、帯が外れかけていたりしたら、必ず直しています。

またスーパーでは、納豆や豆腐などは必ず賞味期限の近い商品から買うようにしています。これも、見えないところでの「親切」の一つではないかと思います。

物を丁寧に扱うことも親切の一つです。

一流のスポーツ選手は道具を大切にするといいますよね。また成功者ほど、ホテルの部屋を係の人が片付けやすいように整えて出発すると聞きます。

洗面所の汚れに気づいたらサッと拭いておく、パソコンや電化製品の掃除をこまめにする、リモコンを定位置に戻しておくなど、家やオフィスなどでできることはいろいろあるはずです。

誰も見ていなくても、お天道様は見ています。いえ、あなた自身が見ているのです。

笑顔のあいさつで周波数を上げる

「笑顔であいさつする」ことも、相手も自分も幸せになれる素敵な習慣です。

お店の人や顔見知りの人たちなど、日頃触れ合っている人たちと、気持ちよくあいさつを交わせたら、それだけで毎日が豊かになりますね。

また、レストランの店員さんや宅配便の運送員さんに「ありがとうございます」「いつも助かります」などと声をかけると、相手との間にあたたかな気持ちが生まれます。
あいさつには、一瞬でお互いの気持ちを明るくする力があるのです。

ところが最近、職場で雑談やあいさつがないという話を、お客さまから聞くことが増えました。

私たちが働く重要な場所で、2つともコミュニケーションの大事な潤滑油なのに、とても残念だなと思います。

でも、そんな時は、あなたから変えていっていいのです。

たとえば「おはようございます！」「お疲れさまです！」「お先に失礼します！」と、自分から声をかけましょう。

最初は小さな声でも構いません。返事がないと少しへこむかもしれませんが、気にすることはありません。笑顔で続けてみましょう。

あいさつのあとに、できればちょっとした雑談ができるとなおいいですね。

朝一番、「今朝は天気がいいですね」「今日は道が空《す》いてて助かりました」など、さりげない会話を一言二言交わすだけでも違います。

「おはようございます」というたった一言から、あなたの周波数が変わり、場の周波数も確実に変わっていきます。


日々、「人の幸せを願う」「人に親切にする」「笑顔であいさつする」。

この3つを意識するだけで、気持ちに変化が表れます。それだけでなく、顔つきやオーラまで変わるようです。幸せな周波数が出るようになって、自然と人から声をかけられやすくなるのです。

私も町中で写真を撮ってほしいと頼まれたり、道を聞かれたりすることが多いのですが、きっと「この人なら安心」という周波数が出ているのだと思います。

そんな周波数に「いい出来事」や「いいご縁」が集まり、やがて奇跡が引き寄せられていくのです。

奇跡の体験談 13

交通手段がなく6時間歩くはずが神社で奇跡を願ったら車に拾ってもらえた

【M・Oさん・30代女性】

私は人見知りで、人前でも緊張してばかりの人間です。

でも今は、困っていそうな外国人を見かけたら、勇気を出して話しかけるようになりました。それは、ある奇跡的な体験があったからです。

ある日、恐竜が好きだった4歳の息子を連れて、自宅から2時間ほどのところにある自然史博物館に行きました。

たっぷり楽しんで、午後1時頃に「さあ帰ろう」とバス停に行って、私はがく然としました。その日の最終便は12時で、もう便がないのです。タクシー会社に連絡しても満車と予約で配車は無理とのこと。

博物館は、最寄り駅からバスで30分。さらに徒歩で20分歩いた場所にありました。Googleマップで調べると、駅まで徒歩で6時間ほどと判明。気温29℃の5月にしては暑い日、遊び疲れた息子をおぶって田舎道をひたすら歩きました。

途中で古びた神社があったので、少ない中身の財布から思い切って1000円のおさい銭を納めて「奇跡が起きますように！」と願い、また歩き出しました。

それから国道沿いを小一時間ほど歩いた頃だったと思います。一台の古びた軽トラックがUターンして戻ってきてくれました。

運転手は外国人で、カタコトの日本語で「コマッテソウダネ、コッチニノリナサイ」と言ってきました。警戒しながらも、熱中症になったら危険だと判断し、思い切って乗りました。

話を聞くと、その方は中東のタジキスタン出身で、出稼ぎに来ているとのこと。私たちが困っていると知って、自分の予定を変えて駅まで送ってくれると申し出てくれたのです。

私が遠慮すると、「予定はまた作ればいい。それよりも息子さんがかわいそうだ。私も故郷に息子たちがいる。あなたを見ていたら、息子たちを思い出して助けなければと思っただけだ」と言ってくれました。

その後、彼は、自分の故郷は宗教問題や内戦などで、日本では考えられないほど劣悪な環境だと語ってくれました。「国は違っても、子どもを愛する気持ちは万国共通だ」と言われた時は、涙が止まりませんでした。

駅に到着し、「お金をお支払いします！」と伝えると、「1円も要らない。人助けにお金は関係ない。息子さんを愛してあげてください」と言って、その方は去っていきました。

息子はずっと寝ていましたが、あとで「どうやって帰ってこられたの？」と聞くので、「愛ある奇跡が起きたんだよ」と車中の話を語ってあげました。

それ以来、私は可能な限り、困っていそうな外国人に話しかけるようになったのです。

すると、最近はなぜか外国人やお年寄りに声をかけられることが増えた気がします。

こんなに人がたくさんいるなかで「なぜ私に？」と思いつつ、できる範囲で心を込めてお手伝いしています。

第4章

奇跡を起こす周波数の高め方

24時間、いい気分で過ごそう

ここまで、奇跡を起こすための最強の方法「幸せの3原則」についてお話ししてきました。いい言霊を持つ言葉を唱えたり、人に親切にしたり、感謝したりしていると奇跡が起きるのはなぜか。

そう、周波数が上がっていくからです。

周波数を上げるとは、別の言葉でいえば「いい気分でいる」こと。

その時、大切なことがあります。**その状態を「24時間続けること」です。**

どういうことか、私の例をお話しさせてください。

派遣社員をしながら心理カウンセラーを目指していた頃、平日は午前9時から午後5時までが勤務時間です。夜と週末にカウンセラーとして活動していました。

でも、「派遣は生活のため」と適当に済ませて、週末だけがんばろうとしていたわけではありません。7日のうち平日の5日間を「つまらないなあ」と思って過ごし、残りの2日でいくらがんばっても、奇跡は起こらないのです。

だから私は、派遣の仕事も、「いい気分でいるための楽しいゲーム」だと思って取り組みました。笑顔であいさつしたり、親切にしたり、天国言葉を唱えたりして、いい気分で働くことを意識しました。

すると、その時期に500人ものお客さまを紹介してくださった女性経営者との奇跡的な出会いがあったのです。


でも、今のあなたの気持ちも、とてもよくわかります。

「いやいや、24時間365日、いい気分なんて無理！」

「働いてる時に、笑顔でなんかいられない！」

普通はそう思いますよね。

仕事でストレスを溜めたり、通勤の途中で人に押されてイラッとしたり、片づかない部屋にどんよりしたり、子どもやパートナーに怒ってしまったり……。人生、いろいろあります。

毎日、子育てや家事、仕事に追われながら一生懸命がんばっているのに、「人生はこんなものかな」とため息をつく。誰にとっても、「あるある」です。

しかし、そんな状態だと周波数が低いままです。

感謝したり、誰かの幸せを願ったりする周波数、言い換えれば、喜びの周波数にはなれません。そもそも、自分の願いを叶えようという気持ちになれないかもしれません。

そういう時、決して自分を責めないでください。

可能な範囲でいいので、自分がやりたいことや好きなこと、気分転換できることをやっていきましょう。そうすると、「自分はダメだ」なんて思わずにすみます。周囲の人にも自然と優しくなれます。

自分の「心の声」に耳を傾ける

たとえば、コンビニで気になっていたスイーツを買う。大好きなカフェに行く。観たかった映画を観に行く。一人カラオケで思いっきり1時間シャウトしてくる。好きなアーティストの動画やＤＶＤを観る。ふと思い出した友達にＬＩＮＥしてみる……。

そんな身近なことであれば、時間を作ってなんとかできるのではないでしょうか。

もし今まであなたが、自分の心の声をあまり聞いてこなかったのなら、その「やりたいこと」すら、すぐには出てこないかもしれません。

そういう場合は、まず心ゆくまでゆっくり休んでください。そして、「自分のために何ができるかな」と少し立ち止まってみれば、必ずわかるようになります。

そのほかにも、たとえばこんなこともいいでしょう。

・好きな場所に行く
・読書や映画鑑賞をする
・好きな漫画を読みふける
・断捨離や掃除をする
・散歩に行く

・ヨガや瞑想をする
・神社やお寺で、神様やご先祖さまに感謝を伝える
・大好きな人たちやペットとともに過ごす
・キャンプやトレッキングなどに出かける。自然のなかでくつろぐ
・お風呂や温泉、サウナに入る
・好きな音楽を聴いたり、好きなものを食べたりする

要するに、「楽しい」「うれしい」と感じられることやホッと一息つけることをする。「なんだかいいなあ」と感じられる時間を持つ。それでいいのです。

エネルギー的に見ると、そんな時は「ボルテックス」に入っていることになるそうです。ボルテックスとは「高エネルギーが渦巻いている場」。

ですから、あなたの思いを創造しやすくなります。つまり、日頃の「楽しい」「うれしい」の積み重ねが素敵な未来につながっていくのです。

罪悪感やためらいが出たら殻を破るチャンス！

いい気分になれることを続けていくと、不思議なことが起こり始めます。

何が起きるかというと、自分のなかに眠っていた望みが少しずつ出てきます。

もっといえば、それまで無視していた自分の心を感じられるようになってくるのです。


「そういえば、昔からダンスがやりたかったな」

「子どものためにはお金を使えるのに、自分のために使えなかったな。欲しかったワンピースでも買ってみようかな」

そんな気持ちが芽生えてきます。それを実行することが、奇跡への小さくて大きな一歩になっていくので無視せず、ぜひやってみてくださいね。


ここで大切なことがあります。

「こんなことしていいのかな」というためらいや罪悪感が出てきたら、それはむしろゴーサイン！　あなたの殻を破るチャンスです。

たとえば、あなたがいつも「節約しなければ」「栄養バランスが大切だから」と、疲れていても無理して家族のために夕食を作っていたとします。

でも、「今日は作るのは面倒だから、いい気分でいるためにデリバリーで済ませたいな」と思うのなら、罪悪感は脇においてデリバリーサービスを使うのも全然OKです。

自分を大切にすることは、決して悪いことではありません。いえ、進んでやってほしいことです。あなたが幸せでいることで、周りの人も幸せになれるのだから。

「楽しい、うれしい」と思えることは、それぞれ違います。あなたなりの「心が喜ぶこと」を見つけてくださいね。それが奇跡への近道です。

奇跡の体験談 14

天国言葉を唱えたら新しい仕事が決まり都内一等地のマンションに入居！

【ちゅみさん・30代女性】

仕事を辞めて、ニューヨークに1年間、留学した時のこと。

帰国の日が近づいても、次の職場が決まっていませんでした。少し不安でしたが天国言葉を唱え、感謝して、いつもご機嫌でいることを意識していました。

すると、知り合いから仕事の誘いが来て15分の面接で採用が決定したのです。しかも、年収は前職と同じで、副業もOK。ほぼ毎日、定時で帰れて最高な職場です。

また、留学で貯金は使い果たしたので、帰国後は実家でお金を貯めてから、一人暮らしをしようと考えていました。しかし、留学先に友人から連絡があり、「都内にいい物件があって、空室にしておきたくないから住んでほしい」とのこと。

超便利な立地で、家賃も相場の半額。敷金礼金もなしで、帰国後はマンションを借りて一人暮らしが叶いました。

その後も、自分の機嫌は自分で取るようにして楽しく過ごすことを意識し、氏神様が近いので毎日、神社へ参拝に行っています。

すると、入手困難な和紙が手に入ったり、入社半年で営業トップになったり……。帰国後は、「ウソでしょ？　こんな奇跡ある？」ということが起こりまくっています。

奇跡の体験談 15

不妊治療を止めてご機嫌に過ごしていたらあきらめていた子宝を授かった

【あかりさん・40代女性】

結婚して8年間、子どもを授からず、周囲の人からの心無い言葉に深く傷つきながら不妊治療を続けていました。

医学的な原因は夫にありましたが義父母はそれを信じず、私への風当たりは強くなっていきました。心身ともにヘトヘトに疲れて、不妊治療を中止することになったのです。

とにかく、いったん冷静になってリフレッシュしようと、大好きなスキーをしたり趣味の時間を持ったりと、自由に過ごしていました。

すると、**なんと妊娠したのです！**

医師からは医学的に無理と言われ、半ばあきらめていたので、まさに奇跡です。

娘は、色白で桃のようにピンク色のほおをして、元気に生まれてくれました。

娘が誕生したその日から、私たち夫婦はそれまで以上に最高に幸せな時間をずっと過ごしています。

小さなシンクロや奇跡を見逃さずに感謝しよう

奇跡を起こすために動き出してから変化が感じられるまでの時間は、人によってさまざまです。

目安は100日ですが、数日で小さな奇跡が起こり始める人もいます。大きな夢や目標を叶えるには、数ヵ月、数年単位でかかる人もいるでしょう。

ただし、「時間がかかるんだなあ」と、がっかりしないでくださいね。

願いが叶うまでには、たくさんのシンクロニシティやちょっとした奇跡が身の回りで起きていきます。

その小さなシンクロや奇跡をキャッチして、「もう変化が始まってるんだ！　ありがたいなあ」と感謝しましょう。これが、ステップ4になります。

そうすると、いい波に乗って、さらに奇跡が起こり始めます。そうやって「どでかい奇跡」まで進んでいくプロセスが、とても楽しいのです。

コンビニでのバイト時代、私に起きた小さな奇跡を第1章などでご紹介しましたが、ほかにも、ラッキーなことがたくさんありました。「こんなことが起こる⁉」という体験を一つご紹介しましょう。

バイトをしていたコンビニには、毎朝スポーツ新聞を買いに来てくださる男性がいました。朝はレジが特に混むので、私はその方に「ここに置いてくだされば大丈夫ですよ」とカウンターに代金を置いてもらい、後でレジを済ませていました。

そんなある日、町中でその男性とばったりお会いしました。

すると、「お、いつものお前か！」と居酒屋に誘ってくださり、なんと焼き鳥やビールをご馳走してくださったのです。

コンビニのお客さまが店員におごってくれるなんてめずらしい話ですよね。当時の私は本当に貧しい生活でしたから、この時はとても助かりました。

そんな出来事を「うれしいな、ありがたいな」と感謝していたら、数珠つなぎのようにうれしい変化が起こり、たくさんの奇跡につながっていったのです。

直感は神様からの貴重な贈り物

小さなシンクロや奇跡が起き始めると同時に、直感やひらめきが訪れるようになります。

直感は、神様からのすばらしい贈り物。「神様からのインスピレーション」といわれています。

なぜ、直感が「神様からの贈り物」なのでしょうか。ちょっと不思議ですよね。

あとで詳しくお話ししますが、直感は、潜在意識からやってくるからです。

そして、潜在意識は、神様が私たちに与えてくれた「願いを叶える装置」だからです。

潜在意識が全知全能だとお話ししましたが、私たちは「直感」という形で潜在意識からのメッセージを受け取ります。

その贈り物をどう使うかは、私たち次第。そこで、直感の受け取り方や生かし方のコツをお教えしましょう。

ひらめきはフレッシュなうちに行動に移す

まず、アイデアやひらめきには「鮮度」があります。

アイデアは「生もの」だと言う人もいるほどです。だから、すぐに行動に移さないと、せっかくのアイデアが腐ってしまいます。

行動に移すのは、早ければ早いほどいいですね。

たとえば、映画を観て感動した時のことを思い出してください。

劇場を出た瞬間が、印象の最も強い時間ですよね。その時に一緒にいた人と食事をしながら語り合うと、その感動がさらに深まります。

でも、「そういえば1週間前に観た映画には感動したな。今からその感想を書いてみよう」と思っても、書き出すと「あれ、どうだったっけ？」となりがちです。その時の感情が薄れ、書いても人の心に響きにくいものになってしまうのです。

しかし、感動したらすぐにアウトプットすると、その思いや感情が文章や映像にそのまま乗って、人にも伝わります。

ふと湧いてきたアイデアやひらめきを行動に移す時も同じ。すぐに動いたほうが自分自身もエネルギッシュに行動できるし、周囲の人も巻き込みやすくなります。**だから、鮮度が高いうちが勝負なのです。**

では、具体的にどうしたらいいかというと、たとえば、「カウンセラーになりたい」とひらめいたとします。

その時、いきなり学校に入学申請するのは現実的ではありませんが、まずは資料請求をしてみる。実際にはどんな職業か、ネットで調べてみる。あるいは、実際のカウンセラーや関係者の話を動画で聴いてみる……。

こんなふうに、できることから、すぐにアクションを起こしていきましょう。

従っていい直感とダメな直感

もう一つ、直感を使う際の大事な注意点があります。

「直感に従え」というのは、実は半分だけ正しいということです。

ちょっと振り返っていただきたいのですが、日頃、直感やアイデアはいつ訪れるでしょうか。

たとえば、お風呂に入っている時やトイレにいる時、散歩や掃除をしている時など、リラックスしている時や何かに没頭している時のはずです。

私も掃除中に「あ！」とひらめいて、「すぐにメモしなくちゃ！」となることがよくあります。

これらはすべて、自律神経の副交感神経が優位になっている時です。

いろいろな知識や思考を頭のなかで煮詰めていると、副交感神経が活発に動き出した時に、潜在意識から新しい気づきやひらめき、行動のアイデアが浮かぶことがあるのです。

それは、副交感神経が潜在意識と顕在意識をつなぐから。

さっきお話ししたように、潜在意識は「願いを叶える装置」なので、副交感神経が優位になっている時に訪れた直感は「本物」だといっていいでしょう。

ちなみに、好きなことや没頭できることをしている時も、潜在意識からの情報をキャッチしやすくなります。

しかし、心がどんよりしている時や悩んでいる時、つまり周波数が低い時の「直感」は要注意。ニセモノの可能性もあります。

たとえば、心配事に頭を悩ませている時に、「〇〇してみよう」「〇〇はやめておこう」といった思いがふと湧いてくることってありますよね。そんな「直感」は、本来進むべき道とは違う方向を指していると思っておいたほうがいいでしょう。

いい気分の時に訪れる直感は、神様やあなたを応援してくれる存在、天使につながっています。でも悪い気分の時は、あまりうれしくない存在につながっていると考えます。

そう考えるとわかりやすいかもしれません。

だから、心地いい時や心が晴れやかな時の直感を大切にしてくださいね。

その時の直感こそ、あなたが本当に起こしたい奇跡に導いてくれるはずです。

奇跡の体験談 16

神社参拝をしたら離婚の2週間後に運命の出会いがあって再婚できた

【千恵さん・50代女性】

前夫と離婚を決意した後、神社に参拝して「今度こそお互いに高め合い、心もお金も豊かになれるパートナーに巡り会えますように」とお願いしました。

すると離婚の2週間後、今の夫と出会えたのです。

同僚と、何となく「歌いたいね」という話になり、ノリで職場近くのカラオケに行った時、偶然、夫もそのお店に来ていたのでした。

私たちはもともと予定していたわけではなく、その場の流れで行ったのですが、不思議なことに、夫もたまたま足を運んだとのこと。

お互いにバツイチ同士で、お酒とカラオケが好きとわかって意気投合し、交際が始まりました。

私たちの出会いは神様からいただいた奇跡だと思い、2人で神社参拝をして感謝しています。

奇跡の体験談 17

苦労を乗り越えて「自分が本当にやりたい仕事」を見つけたら毎日が充実！

【かっちゃん・30代男性】

私は複雑な家庭で育ち、幼い頃に両親は離婚をしました。

それからは祖父母に育てられましたが、兄からは虐待や嫌がらせを受け、小・中学校ではいじめに遭いました。

高校を卒業して社会人になってからも、転職を繰り返し、社会に居場所を見つけられませんでした。この原因の一つには、のちに医師から診断された軽度の発達障害があったのでしょう。

そうこうしているうちに、年老いた祖父母の介護が始まり、追い打ちをかけるように家が火事で焼け、保険も切れていたのでプレハブ住まいになりました。

そんな状況下で、私は両親や社会への恨みを募らせていったのです。

幼い頃からの夢だった漫画家は断念し、朝は新聞配達をし、昼の仕事をこなしつつ、祖父母の介護をするという過酷な生活に入りました。

そんな生活を数年続け、ある程度お金が貯まった30歳手前のタイミングで昼の仕事を辞めました。

その後、祖父が他界しましたが、祖母の介護を続けながら、新しい仕事に正社員として就きました。

その新しい仕事の勉強のために訪れた図書館で、演劇ワークショップのチラシを見つけたのです。

小さな頃から私は演劇が大好きでたまに観劇もしていたのですが、自分が役者になるのには才能がないとあきらめていました。

まだ仕事に就いたばかりで試用期間中でしたが、**「ぜひ、このワークショップに参加したい！」とひらめいたのです。**

当時、お世話になっていた社会福祉の相談員に聞くと、「まだ試用期間中で仕事に支障が出てはいけないから、やめたほうがいい」とのこと。というのも、全10回のワークショップの最終回は、本番の舞台がある本格的なものだったからです。

ギリギリまで悩みに悩み、「どうしてもチャレンジしたい！」と申し込みました。

そこから、舞台の練習に励む日々がスタートです。緊張しながらも、歌ったり踊ったり演技したりするなかで心がときめき、「そうだ！　これが、自分が本当にやりたいことだったんだ！」と確信のようなものが生まれました。

本番の舞台では大成功を収めました。人生で大出世して、偉業を成し遂げたような感動を、私は覚えたのです。

その後、祖母を看取ったあと、私はある劇団に入り演劇活動を継続しました。今年で役者6年目になります。

驚きだったのが、今、所属している劇団のメンバーが、かつて参加したワークショップのアシスタントだったことです。

そして、ワークショップに参加する1年前に観て、とても感動したお芝居が、その劇団の公演だったことです。

偶然とはいえ、客席から観ていた役者さんたちと同じ舞台に立ち、お客さまに感動を届けている自分を誇らしく思います。
これが、私が体験した奇跡のようなアンビリバボーな体験です。

目標やビジョンがいつも見える工夫をする

願いが叶う人と叶わない人には、大きな違いがあります。

その違いが何かわかりますか？　**願いが叶う人は、いつも明確に自分の夢や目標を思い描けています。**でも叶わない人は、自分の願いを忘れてしまっているのです。

私は毎年、年末になるとお客さまにこう聞いています。

「今年の願望は何個叶いましたか？」

「年始に立てた目標は達成できましたか？」

すると、答えは3つのパターンに分けられます。

まず、「今年の願望を決めていない」という方がいます。これは叶えようがありませんよね。

次が、「去年の年末や三が日に立てたけど、忘れてしまった」という方。

こうした方たちも、目標を意識できないので行動に移せず、当然、達成もできません。見ていると、このタイプが一番多い印象です。

でも、その年の目標や願いが叶っている人は違います。

そういった方は、手帳やスマホのメモにきちんと書いていらっしゃいます。

たとえば、「ハワイに行く」「○○の資格を取る」「推しのライブに行く」と具体的に書き、毎日、それを見て思い出しているのです。

すると自然に、資格試験の勉強を始めたり、旅行情報を調べたりして行動していきます。

だから、年末に「10個の目標のうち、7個叶いました」「今年は5つすべて叶えられました」などとおっしゃる方が多いのです。

ビジョンボードで願望の「見える化」を

このように夢や願望は、常に意識すること。そして、「見える化」することが重要です。それだけで驚くほど叶いやすくなります。

そこでお勧めしたいのが、ビジョンボードです。

ビジョンボードとは、ざっくりいうと、自分のなりたい姿や行きたい場所など、夢や目標に関するイメージや情報を視覚化したもの。

コルクボードなどに、ネットやカタログ、雑誌の切り抜きや写真、文字を書いた紙を貼って作ります。

私ももちろん作りましたし、今も作って貼っています。最初に作った時は、日本地図を縮小したものをボードの真ん中にドーンと貼りました。

心の師匠のように全国のいろんな場所に行って、皆さんの心に火を灯すような活動がしたいと思ったからです。

そして、「各地の名物を食べたり、温泉に入ったりしながら、たくさんの人と出会いたい！」と決めていたら、なんと3年で全都道府県を回ることができたのです。

石垣島への移住を本格的に考え始めた時も、コルクボードに石垣島の写真を貼り、BGMに沖縄民謡を流しながら、新生活のイメージを膨らませていきました。

お話ししたように、当時はいろいろな制約があり移住は厳しいと思っていましたが、島での暮らしを徹底的にイメージし続けているうちに、絶好のタイミングで夢が叶いました。

ビジョンボードの効果を高めるには、写真やイラストを活用することです。文字で夢や目標を書いてもいいのですが、写真やイラストのほうが、より潜在意識に入りやすいからです。たとえば「ハワイ旅行」という文字より、ワイキキビーチの写真のほうが、ずっとイメージしやすいですよね。

願いを手放すタイミングとは

たまに、「願望を意識しすぎると執着になって、よくないのでは？」「願いはいったん手放したほうがいいと言いますよね」と尋ねられる方がいるのですが、少し誤解があるようです。

確かに、あまりに思い詰めると執着心が生まれて周波数が低くなります。ですから、こだわりすぎると願いが叶いにくくなるというのは間違いではありません。

ただし、どうも願いを手放すのが早すぎる方が多いようなのです。

わざわざ夢や目標を思い出さなくても、潜在意識が勝手に考えているくらい意識にしっかりインプットできていれば、願いを手放しても問題ありません。

しかしそうではなく、ただ単に願いを忘れているだけだと、当然ながら叶うことはないのです。


大切なのは、潜在意識への刷り込みです。

たとえば、昔のドラマやマンガで、東大を目指す受験生が「東大合格」と書いた紙を部屋に貼って勉強している姿を見かけましたよね。

「そこまでやる!?」と当時は思ったものですが、もし願いを叶えたいなら、そのくらいしっかり意識に刷り込むのが理想だと思っていただくといいでしょう。

ビジョンボードで、願いが叶った様子をいつも目にしていれば、「もう叶うのが当たり前」という感覚になります。するとと自然に願いを手放せます。その時、奇跡が現実に表れ始めるのです。

大きな目標は「3年以内」と設定する

願いを叶える期日の設定についても、お話ししておきましょう。

受験や資格試験のように日程が決まっているものはわかりやすいですが、たとえば「月収30万から100万に上げたい」「〇〇を買いたい」「〇〇の仕事をしたい」という目標は、日付を決めにくいですよね。

そんな時は「3年以内」がお勧めです。3年というと約1000日。2年だと奇跡が起きるには短すぎるし、1年ではもっと短すぎる。かといって5年だと遠すぎる……。現実的に、3年くらいが一番妥当だといえるでしょう。

私も4畳半一間で暮らしていた時、「3LDKのマンションに住みたい」「いい時計が欲しい」「車が欲しい」など、物質的な願いは全部3年以内に叶いました。

ここで、3年後のあなたをちょっと想像してみてください。

奇跡を起こしまくって、願いを叶えたあなたです。

今はまだ手が届かない夢を叶え、望み通りの現実を生きているあなたです。

心のなかから、希望が湧いてきませんか？

とても豊かで、幸せな気持ちになりませんか？

それが、奇跡を起こす周波数です！

ビジョンボードは、いつでもその周波数へとあなたを引き上げてくれます。思いっきり楽しくワクワクするビジョンボードを作ってくださいね。

奇跡の体験談 18

「ありえない奇跡が起こる！」と唱えたら超人気マンションに入居できた

【おかぴーさん・20代男性】

私は長年、引っ越ししたいと考えていたのですが、希望するマンションは超人気で空室が出ることはほとんどない物件でした。

それでも、パンフレットを取り寄せ、その場所で暮らす自分の姿を何度も思い描いていました。

ある日、ふとその物件が気になり、ホームページを確認してみると、驚くことに空室が出ているではありませんか！　すぐ問い合わせましたが、すでに別の方が申し込み手続きまで済ませており、初期費用の入金を待つばかりとのこと。

一瞬がっかりしましたが「ありえない奇跡が起こる！」という言葉を思い出し、何度も唱え続けていました。

すると信じられないことに、先の申込者がキャンセル。おかげで私が入居できることになったのです。
思い描き続けた夢が本当に実現するとは！　奇跡のような出来事に、感謝の気持ちでいっぱいです。

奇跡の体験談 19

ポジティブなイメージを想像したら「間に合わない」と思った船に乗れた

【ハーレー姐さん・40代女性】

夫と初めて北海道でのツーリングを計画した時のこと。私たちが住む群馬から新潟港までハーレー2台で走り、そこからフェリーで小樽へ渡ることを考えていました。
当日はあいにくの雨でしたが、北海道は晴れると聞いて出発しました。しかし、新潟まであと40分ほどのパーキングで給油した直後、夫の愛車のエンジンがかからなくなったのです。

夫のハーレーは40年以上前の旧車でしたが、普段は絶好調だっただけに予想外のトラブルでした。「フェリーに間に合わない！　キャンセル料がかかってしまう」と不安がドッと押し寄せました。

でも、ふとフェリーの船上にいる夫と自分の姿が鮮明にイメージでき、その瞬間「必ず間に合う！」と確信が湧いたのです。

すると、車体の後ろを押しながらエンジンをかける「押しがけ」なら大丈夫かもしれないと思いつきました。

しかし、私一人では押せません。

困っていると、そこにタイミングよく高速巡回車の方が来て手伝ってくれました。おかげで出港15分前に滑り込み、無事フェリーに乗船。楽しい北海道でのツーリングを満喫できたのです。

最悪の事態と思いましたが、ポジティブな思考に転換でき、その後すぐに解決したので、思考とイメージが現実を動かすことを実感しました。

あの時、フェリーの船内や甲板からの眺めまで具体的に映像化できた経験は忘れられません。

以前の私なら、すぐにあきらめたり、ふてくされたりしていたと思います。

でも、イメージや思考をポジティブに変えることの大切さを学んでいたおかげで、前向きに対処できました。

それ以来、さらに、いいイメージやいい思考を心がけています。

夢を叶えるヒントはあなたのなかに眠っている

さて、「こうなりたい」という漠然とした願いや夢はあるものの、いざとなると具体的に何をしていいかわからない。そういうケースがありますよね。

そんな時、ヒントはすでに「あなたのなか」にあります。

あなたには、「困りごとや悩みを解決できたこと」がありませんか？

あるいは、「好きなこと」や「夢中になること」はありませんか？

過去を振り返ったり、今の自分を見直したりしてみましょう。それらはきっと、あなたの未来を輝かせてくれる大切なヒントになります。

イメージしやすいように、実際にあったお話をさせていただきますね。

私のお客さまで、「専業主婦の私にやれることなんて何もないです」とおっしゃる女性がいました。

そこで、「趣味や好きなことはありますか？」とお聞きすると、レザークラフトが好きで、財布やスマホケースなどを作っているとのこと。その日も素敵な自作の革財布を持っていて、私のような素人から見ると、プロのような腕前でした。

「先生から10年ほど教えてもらっているだけで、それで稼いでいるわけではないんです」と控えめにおっしゃっていましたが、私は、「初めは安くしてもいいから、友達や知り合いに売ってみては？」と提案したのです。

そうしたら驚くべき展開が！

さっそく販売を始めたところ、評判がどんどん広がり、今では教室や講座も開かれて、なんと月に２００万円ほどの売上げになっているそうです。

これは一例ですが、誰にでも同じようなチャンスがあります。

たとえば、過去につらい経験をされた方や、深い悩みを乗り越えてこられた方が、同じように悩んでいる方のお話を聞くカウンセラーやセラピストになる例もあります。

あるいは、あこがれの人や自分のなりたい姿を実現している人がいる場合は、その方をモデルにして行動したり、実際に交流を深めたりしていくのもいいですね。

そうすることで、人生がみるみる開かれていくパターンもあります。

私の場合は、心の師匠が大好きすぎてずっと追いかけているうちに、いつの間にか、今のような仕事をさせていただけるようになりました。

あなたの日常やこれまで歩んできた道のりのなかに、すばらしい才能や夢へのヒントが眠っています。

それに気づけば、未来を輝かせてくれる大切なものになるはずです。

小さな積み重ねが必ず結果になって表れる

奇跡は突然やってくるように見えて、実は小さな積み重ねの先にあります。

こんな話をご存知でしょうか。

タケノコは、芽が出てから6週間で30メートルにまで成長するそうです。1ヵ月半で10階建てのビルくらいの高さになるのですから、すごい成長のスピードですよね。

でも実は、その芽が出るまでに4年もかかっているのです。

台風が来たら竹藪《たけやぶ》に逃げろといいますが、それは、竹が地中でしっかりと根を張り巡らせているから。もし根が張っていない状態で30メートルまで伸びていたら、少しの風で倒れてしまうでしょう。

一見すると、6週間で30メートルでも、実際は「4年と6週間」。

この例でわかるように、何事もすぐに結果が出ているわけではないのです。

心の師匠から教えてもらった和紙の話もご紹介しましょう。

障子紙のように薄い和紙は、子どもがちょっと触っただけでも穴が空きますよね。

でも、その和紙を1年365日、毎日1枚ずつ積み重ねていくと、1年後には週刊の少年漫画雑誌くらいの厚さになるそうです。そうなったら簡単には破れません。

師匠はこう言っていました。

「だから、すぐに結果を出そうとしないで、まずは丁寧に丁寧に、毎日1枚ずつ和紙を積み重ねるように努力してご覧なさい。そうしたら、1年経ったら変わっているから」

私はそういわれて、コツコツ続けることの大切さを学びました。

「努力」というと、我慢して必死にがんばるというイメージがあるかもしれませんが、そうではありません。楽しみながら目標に向かって、やれることを続けていけばいいのです。

「1日15分」を1年積み重ねると37・8倍に！

あなたは「1・01の法則」という言葉を聞いたことがあるでしょうか。

これは、1日の0・01％、15分の積み重ねを365日続けると、なんと37・8倍になるという法則です。

たとえば、

・「ありがとう」を1日1000回唱える（10〜15分）
・今日の感謝を10個ノートに書く（15分）

これを続けるだけで、現状が37・8倍もよくなるんです。

私の経験からすると、1年なんてかかりません。100日も続ければ、確実に変化は表れ始めます。毎日が楽しく、いきいきしたものになってきます。

だから、いい気分でいる時間をどんどん増やしたくなります。

そのうち15分が30分に、1時間になり……。スマホを見る時間を減らして、本を読んでみたり、散歩してみたり、周波数が上がる時間が少しずつ増えていくというわけです。

周波数が上がると、何が起こるか、もうおわかりですよね。

そう、あなたの願いの周波数にチャンネルが合い始めます。そこから、奇跡は現実になっていきます。

人生が変わるタイミングは、人によってさまざまです。

なかには、一瞬で変われる方もいらっしゃいます。特に、今までコツコツと努力を重ねてこられた方は、本当にすぐに人生が変わることも。

でも、２〜３年経った頃に、「やっと、叶った！」ということもあるのです。**焦らず、奇跡が起きるその日まで、楽しく進んでいきましょう。**

ゼリーを作る時のことを思い出してください。冷蔵庫に入れたら、しょっちゅう見に行きたくなりますよね。「固まったかな」「もう食べられるかな」と。

でも、冷蔵庫を開けるたびに冷気が逃げて、かえって固まるまでの時間が長くなってしまうのです。

だから、その間は結果を気にせず、前進し続けることが大切です。

私の場合、夢を叶えたいというより、「このままあきらめて、ずっとこの人生が続くのは嫌だ」と必死でした。

結局、本当に「変えたい」と思ったら、まずはやってみるしかないのです。

冷蔵庫にゼリーを入れたなら、おいしくでき上がるのを胸を弾ませながら待ちましょう！

奇跡を起こす「孔雀明王の修行」

それでも、時には誰だって、くじけそうになったり不安になったりすることがありますよね。

そんな時は、孔雀明王《くじゃくみょうおう》という仏様を思い出してください。

孔雀は鳥類で一番きれいな鳥ですが、猛毒を持ったサソリや毒蛇などを食べても、その毒にあたることがありません。このことから、孔雀明王はさまざまな厄災から守ってくれる存在として信仰されています。

心の師匠は、「孔雀のように、どんなに嫌なことや苦しいことがあっても、自分で受け止めて、いい言葉や笑顔、感謝しか出さない」という覚悟が大切だと教えてくれました。

どんなことが起きても幸せに生きる。その覚悟をした時、初めて奇跡が起きるのだ、と。これを「孔雀明王の修行」というのだそうです。

私はこの話を聞いた時に、「孔雀明王の修行をしながら、笑顔で人の幸せを願いながら楽しく生きる」ことを決めました。

「何があっても幸せそうな顔してるんだ！」

「どんな時も、幸せな言葉を話すんだ！」

そう決めて、今も孔雀明王の修行を続けています。


これから、あなたも孔雀明王の修行を始めてみませんか？

そして、修行を続けていって、もし周りの人から「あなた、苦労したことないでしょ」と言われたら、自分の勝ちだと思ってくださいね。

なぜかというと、そう言われるのは、あなたの表情や雰囲気、普段発している言葉が、苦労に負けていないということだからです。

どんなことが起きようが、絶対、いい言葉や素敵な笑顔しか出さない人は、苦労に負けない人。奇跡を起こせる人です。

人生を百八十度変える「遊行」という生き方

人生で楽しく奇跡を起こすためのとっておきの考え方を、もう一つお教えしますね。

それは、「人生は遊行《ゆうぎょう》」という教え。心の師匠の数ある知恵のなかで私がもっとも衝撃を受けたものです。27歳で出会った本に、こう書いてあったのです。

「人生が修行だと思っている人は苦労の連続で、本当に苦しいだけの人生になっちゃうよ。おれは人生を遊行だと思っている。人生はこの地球に遊びに来てるんだよ。とことん楽しめばいいんだよ」

「日本一納税している実業家が、人生は修行ではなく、遊行だと言ってる！」と、私はアゴが外れるほどの衝撃を受けました。

というのも、私はそれまで「人生は修行」だと思っていたのです。

幼少期からずっと団地住まいで貧しかったこともあり、母親によく「人生は修行だから」と言われていました。

また、私は「昭和53年生まれ」ですが、その頃はまだ学校で昭和の価値観が幅を利かせていて、「廊下に立たされる、殴られる、正座させられる、運動の時間に水を飲ませてもらえない」などが当たり前の時代。

何か悪さをすると、親も「先生、もっとこの子をしかってください」というほどでした。

世のなかでも、今ではまったく考えられないことがまかり通っていました。

「人生は修行だ」「苦労は買ってでもしろ」「石の上にも三年だ」「迷ったらイバラの道へ進め」「ラクな道を選べば成長しない」「苦労や我慢するのが美徳」……。

そんな考え方が染み込んでいて、私も当然2つの道があったら、苦しい道を選ぶのが当たり前になっていたのです。

その結果、受験に何度も落ちたり、行きたい会社には就職できなかったり、つらすぎる失恋をしたり、母親が病気になったり、父親と大げんかして家を飛び出したり……。

苦しみや不幸や葛藤が連続の人生でした。

それもそのはずです。私自身が「苦労を買ってでもしている」わけですから。

そんな時に「遊行」という生き方を知り、27歳から46歳の今まで「人生は遊行だ」と思って私は生きてきたのです。

この思考にしただけで、人生は百八十度変わってしまいました。

師匠は「苦しみからは苦しみしか生まれないよ。苦しみが楽しみに変わることはない。楽しいのは、最初から楽しいんだよ」と言っています。

本当にその通りでした。

「人生は遊行」という考え方を人生で採用してから、こんな考え方を基準にして行動するようになりました。

「迷ったら楽しいほうへ」「心が喜ぶ道へ進めばうまくいく」「苦労や我慢は、その道は間違ってると教えてくれている」「楽しめば楽しむほど人生はうまくいく」「苦労は買ってでもしろ、という人がいたら苦労は売ればいい」などなど。

するとと不思議なほど、人生がうまくいくようになったのです！

いろいろな経験を積みましたが、この教えを実践してから、望む以上の人生になってしまいました。

しかも、苦しんだことがないのです。もちろん起業するなかで大変なことはありましたが、自分が望んだ道なので苦しみやつらさはありませんでした。

それは「人生は修行だ」という間違った考え方を捨てて、「人生は遊行だ」という考え方を採用し、実践したからだと思っています。

あなたもぜひ、これから「人生は遊行」をモットーにして生きていってください。

そして、思い切り楽しく奇跡を起こしていってください！

86歳からのチャレンジが人生を変えた！

最後にもう一度、言わせてください。人生は誰でも、何歳からでも変えられます。

私の最年長のお客さまのエピソードをご紹介しましょう。

現在91歳の男性の方ですが、初めてお話ししたのは86歳の時でした。

その方が最初におっしゃった言葉を今も覚えています。それは、「今からでも、私は人生をやり直せるでしょうか？」でした。

お話をうかがうと、ご自身が職を転々とするなか、奥様とお嬢様が先に亡くなられ、苦労をかけたまま見送ることになってしまったとのこと。

「後悔しかない」「このまま死んだら、あの世でどんな顔をして会えばいいのか……」と、本当につらそうにおっしゃっていました。


そこで私は「奥様とお嬢様に、堂々と胸を張って会えるように、今から変わっていきましょう」とお伝えしました。言霊を唱えていただいたり、感謝を数えていただいたり。少しずつ実践していただくなかで、ある日その方がおっしゃいました。

「市役所で地域の清掃ボランティアの募集を見かけたので、行ってみようと思うんです。どう思います？」

「ぜひ参加してみましょう！　もし合わなかったら、やめればいいですから」

そうお答えすると、すぐボランティアに参加されました。最年長だったこともあり、皆さんに大切にしていただいたそうです。

「地元をきれいにするなんて、考えたこともやったこともなかった」とおっしゃっていましたが、毎週土曜日に活動を続けていくうちに、周りの方々から信頼されるようになって……。なんと、３年ほど経ってリーダーに抜擢されたんです！

カウンセリングでも、以前は後ろ向きだった言葉が前向きになっていかれました。そして本当にいきいきとしてこられ、言葉づかいも変わり、お顔にもツヤが出てきました。今は、「いつ死んでも、女房と子どもに堂々と会える」とおっしゃってくださいます。

「あの世で顔向けできない」というところから、「この人生、やりきった」と思えるまでの大どんでん返し。人生の最後の最後に、まるでオセロがひっくり返ったように、人生を肯定できるようになられたのです。

自分を肯定できることが「どでかい奇跡」

その男性は教えてくれます。人生を変えるのに特別なことをする必要はない、と。

必ずしもビジネスで大成功したり、賞状をもらうような社会貢献をしたりする必要はない、と。

人それぞれに、その方の命のお役目や使命があります。そして、それぞれのタイミングがあります。いつからでも、気づいた時から、人はそのお役目や使命を生きられるのです。

私の最高齢のお客さまは、その生き証人になってくださいました。

「奇跡」とは、何もないところからビジネスを起こして大富豪になることかもしれません。誰もが無理といえるようなチャレンジに成功することかもしれません。

それも、とてもすばらしいことです。たくさんの方が、そんな奇跡を起こしていらっしゃいます。

でも私は、このお客さまをはじめとする大勢の方々の人生を通して、とても大切なことを学びました。

それは、自分が嫌いだった人が自分を好きになれること。

自己否定や自己卑下が激しかった方が自分を認められるようになること。

それこそが、何よりも尊く、どでかい奇跡だということです。

自分の人生を肯定できる、納得できる生き方に変えられるチャンス。それは何歳になっても「今」にあります。

あなたも今日から、自分だけの奇跡を起こしていきませんか？

きっと今は想像もつかないすばらしい変化が、とんでもなくうれしい未来が、あなたを待っているはずです。

おわりに

最後までお読みいただき、ありがとうございます！

もうお気づきの方も多いと思いますが、本文中の「心の師匠」は私の人生の恩人であり、心から尊敬している、実業家・銀座まるかん創設者、そして作家の斎藤一人《さいとうひとり》さん（以下、一人さん）です。

人生に絶望しているなか、一人さんの本に出会い、その教えを徹底的に実践することで、私は奇跡のスイッチを押すことができました。本書の第1章にもあるように、人生が奇跡の連続となったのです。

実際に一人さんにお会いしたことは一度もありませんが、ご縁をいただいてからその教えを何度も繰り返し、私の心に染み込ませてきました。

本書のスタートになったのは、忘れもしない2023年12月26日のことです。

その日は午前中に本屋に行き、「あ、一人さんの新刊が出てる！」と『斎藤一人　奇跡の人』（徳間書店）を購入。そして「夜に読もう！」と思っていたところ、15時過ぎに髙畑圭さんという方からメールが届いていました。

見ると、徳間書店の編集者です。なんと髙畑さんはこれまで、一人さんの本を20冊以上、担当編集者として出版されており、最新刊は『奇跡の人』とのことでした。

それを知ってすぐ、午前中に買ってきた『奇跡の人』のクレジットを見ました。

そこには確かに、髙畑さんの名前が書かれているではありませんか！

その瞬間、鳥肌がゾゾゾと立ち、私は勝手に運命を感じました。そして、なんの迷いもなく「髙畑さんとお仕事がしたい！」と思いました。

そして今回、最高の形でこの本を皆さんにお届けすることができたのです。

あの日、一人さんの本を買ったのは、全知全能の潜在意識が、私のお役目として「この本を書け！」というサインを送ってきたのかなと思っています。

私はこれまで、一人さんはもちろん、2000冊以上の本、そして数々のセミナーや講演会から多くのことを学んできました。

そのなかでも、小林正観《こばやしせいかん》さん、ジョセフ・マーフィーさん（大島淳一さん訳）の教えは、私にとっては衝撃的でした。

小林正観さんは本を読むだけでなく、講演会にも何度も通いました。

ジョセフ・マーフィーさんの本からは「潜在意識を活用する方法」を学び、何度も読んで、願望を実現させてきました。本文中の「潜在意識には主語がない」などの情報は、ジョセフ・マーフィーさんの本から教わりました。

小林正観さん、ジョセフ・マーフィーさんを教えてくださったのも、心の師匠である一人さんです。一人さんには感謝しかありません。

私は今、心から願っています。

この一冊があなたにとって、私と一人さんの本との出会いのような奇跡でありますように。

そして、あなたが持つ奇跡スイッチを確かに押せるように。

今、あなたの心に、小さな希望の光を届けることができていたら、私にとってこんなにうれしいことはありません。

さあ、今日からあなたの人生は、奇跡の物語に変わります。

一緒に、笑顔で楽しく歩いていきましょうね！

心理カウンセラー　masa

心理カウンセラー

masa

1978年生まれ。明治大学法学部卒業。20代のとき、母親の介護をきっかけに会社を退職してフリーターになる。ある1冊の本に偶然出会い、そこに書かれていた願望実現法を実践したところ、母親が奇跡的に回復。そこから心理学にまつわるあらゆる知識を身につける。以来、独自のメソッドを応用したカウンセリングは評判を呼び、6ヵ月先まで予約が埋まる。カウンセリングによって、これまで8200人以上を幸福にしてきた。YouTube、X、Instagramなど、SNS総フォロワー47万人（2025年1月現在）。

著書に、『恐ろしいほどお金の神様に好かれる方法』（扶桑社）、『「小さな私」の癒し方』『神様とシンクロする方法』（ともにKADOKAWA）、『1日3分 願いが叶う超感謝ノート』（フォレスト出版）がある。

奇跡スイッチの押し方！
潜在意識で夢を叶える

2025年1月31日　第1版発行
2025年4月1日　第4刷発行

著　者　心理カウンセラー masa
発行者　小宮英行
発行所　株式会社徳間書店
〒141-8202
東京都品川区上大崎3-1-1
目黒セントラルスクエア
電話　編集(03) 5403-4344
販売(049) 293-5521
振替　00140-0-44392

印刷・製本所　株式会社広済堂ネクスト

ISBN　978-4-19-865952-3

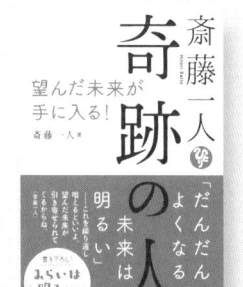

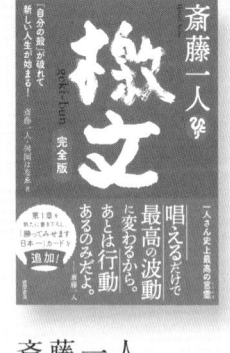